獻給每一位父母的教養之書

愛的教養 讓孩子更傑出

用愛細心灌溉，
培養孩子面對未來的關鍵能力

溝通激勵專家
——戴晨志 博士

晨星出版

目次
CONTENTS

Chapter 1
掌握知識的學習力

Chapter 2
成長路上的關鍵心態

Chapter 3
解決問題的執行力

Chapter 4

來自家庭的支援力

Chapter 5

以愛相伴的親子教養

自序

即使速度緩慢，也會讓我們「優雅的到達」

戴晨志

曾經有讀者詢問我——「孩子大學畢業了，讓他搬離家裡、到台北或其他城市，獨立生活、自己賺錢，學習獨立自主的精神、自己養活自己……這樣好嗎？」

這個問題，讓我思考了好一陣子。

的確，在美國或其他國家，很多父母認為——把孩子養到大學畢業，已經盡到父母的責任；接下來，孩子長大了，要自己獨立生活、自己負責自己的人生、自己賺錢，不能再當「靠爸族、靠媽族」……

此時，我回想起我年輕時，藝專廣電科畢業、當兵退伍後，考中廣公司、警察廣播公司、正聲電台，想當個播音員，但都沒考上……我完全沒有收入，我一個人要到哪裡去租房子？

我住在父母蘆洲家裡，每天騎舊摩托車到台大圖書館念書；我告訴父母，請給我「零用錢、補習費」，我不會學壞，我每天會好好的在台大圖書館念英文，我想出國念書……

因為，我如果在台灣從三專畢業、插班、轉念大學，必須「降轉」、從大二念起；可是，只要我努力通過托福考試，申請到美國大學的研究所，我就可以從「三專直攻研究所」。

就這樣，我打定主意，想到美國念書。但是，我的英文不好，我的托福考試一直沒有過關……我前後一共考了八次托福考試，也一直低頭、難過的，拿著爸媽給我的零用錢，節省的過日子。

我每天「計帳」，我沒有亂花錢；我每天只有一個目標——要節省金錢、努力念書，要通過托福考試、到美國念書。

感謝父母的體諒，讓我在失業二年半之後，終於苦盡甘來、申請到美國威斯康辛州馬凱大學（Marquette University）。

在那裡，我知道，父母為了我在美國的昂貴學費，曾經四處「借錢、標會」，讓我安心在美國念書。而我，也不負爸媽的苦心，在美國念書、成績還不錯，也拿到一些「學費減免」的獎助學金。

而在一年四個月之後，我就通過研究所碩士考試，拿到「廣播電視碩士」學位；而這也是我們當時同期入學的所有碩士生中，我是第一個拿到碩士學位。

後來，我回到台灣，雖然經過一些波折，但我以第一名成績考上華視記者。而我爸媽，時常以我為榮；因為，我沒有學壞、我沒有浪費時間、生命，我只有「越挫越勇、再接再厲」，為自己的生命，爭取更好的榮耀。

所以，孩子大學畢業，要不要讓孩子搬出去、獨立自主、自己賺錢、自立謀生……我，沒有標準答案。因為，每個家庭狀況不同。

我只知道，我非常感謝父母，在我茫然無助、沒有工作、沒有收入時，他們還願意支持我、幫助我，讓我專心、安心地朝著自己的夢想前進。若非父母的幫助與支持，我不可能當上電視記者，也不可能後來拿到博士學位、當上大學系主任、暢銷書作家、在海內外四處受邀演講。

有些孩子的成就，是「慢熱型」的，或是「大器晚成型」的。如果，孩子還需要幫助、需要支持時，父母卻逼迫孩子搬離家裡、到處打零工，甚至交了壞朋友、誤入歧途……真的，可能也是人生的悲劇。

如今，父親已經離世十四年，母親在去年四月，也已因生病過世了。

想起父母辛勞一輩子，也對我這「不聰明、考不上大學」的小兒子，不離不棄，也給予完全的「信任、支持與幫助」，我心中充滿無限的感念、感謝、感恩……

給「尚未有經濟能力、正想努力邁向成功的孩子」，幫助他、用力拉他一把、為他打打氣吧！因為，這孩子可能是「慢熱、晚熟型」的，以後也可能「大器晚成」啊！

有時，孩子的資質、學業成績不一定是最棒的，但在邁向成功之路——「不用急，慢一點，真的沒關係！」

緩慢，也是一種「速度」，也會讓我們「優雅的到達」。

有些不是很聰明的孩子，可以讓他們學習「不急躁」；因為，有時候，

「慢慢來，反而會比較快。」

我知道，我不是很聰明、成績不是很好，但我也慢慢學會——**「接納不完美的自己，愛上逐漸自信、開朗的自己。」**

真的，只要有自信、毅力，跨過挫折，就會是成功機會的開始。

所以，我們要告訴年輕父母與孩子們：「看好自己、接納自己、不屈不撓、再接再厲；只要有心、有行動、有堅持，慢一點，沒關係……」

因為，緩慢，也是一種速度，也會讓我們「優雅、歡喜、開心」的到達。

Chapter 1

掌握知識的學習力

學習，不只是在課堂上。
在生活中激發求知欲望，
在閱讀中掌握學習樂趣，
讓孩子主動出擊！

養成主動學習的學習力

引發孩子的學習動機，讓他們「掌握學習的自主權」，遠比替孩子判斷——「什麼是學習」、「要學習什麼」、「要怎麼學習」，還來得重要。

你說，波多黎各是什麼？

在家看美國大聯盟職棒時，我太太突然對就讀國小四年級的兒子說：「德德，你看美國職棒的球員，有些球員是從台灣來的，有些是從日本來的，但是，也有很多球員是從波多黎各來的！」

這時，兒子一臉不解地問：「波多黎各是什麼？」

「波多黎各是一個國家啊！」內人坐在一旁說道。

「怎麼會呢？波多黎各怎麼會是一個國家？波多黎各才不是一個國家！」兒子很自信地說。

此時，內人不服氣地說：「波多黎各當然是個國家，他們的棒球隊，以前也來台灣參加過比賽啊！」

「不，波多黎各絕對不是個國家，因為，我在世界地圖中，看不到『波多黎各』這個國家的國旗！」兒子十分篤定地說。

我坐在一旁，也不知該怎麼說才好。因為，我以前的地理成績很差，波多黎各在哪裡？長得是圓、是扁？我也搞不清楚，所以無從插嘴。

但是，這下可好了！內人說波多黎各「一定是國家」；念小學四年級的兒子卻信誓旦旦地說，「波多黎各絕對不是國家！」這怎麼辦？……那就上網查查資料吧！

內人上網一查，誰對誰錯呢？——「德德，你說對了，是媽媽錯了！波多黎各果然不是一個國家。它，是位於美國東南方的一個大島，是屬於美國託管的屬地，所以，它並不是一個獨立的國家。不過，他們的公民擁有投票權，也很想成為美國的第五十一個州，可是，美國政府不要……」

天哪，兒子竟然答對了！因為，他很喜歡看地圖，只要有一張地圖在手，他總是十分用心、仔細地研究，連吃飯都暫時忘了呢！

從生活中的細節學習

我家牆上貼著世界地圖、美國地圖；孩子們睡覺的地板上，也有拼裝軟墊，上頭的大型圖案，也是一張超大世界地圖。每當孩子聽到哪個國家的名字，就會去查、去看；電視體育節目、新聞節目中出現的地理名詞，他們也會躍躍欲試地去搜尋。

每個孩子都像一張白紙，父母必須用心地教導孩子去塗上顏色，讓他們的生命，呈現出璀璨美麗的色彩。也因此，父母可以透過各種方式，來培養孩子的學習力。

其實，「**孩子的學習力，勝過學歷！**」

每個孩子都像是一顆種籽，也都是獨一無二的寶貝；但，父母必須「**給他時間、給他養分、給他陽光，也給他良好的學習環境**」，然後用愛心、耐心，等待他活潑、可愛地成長！

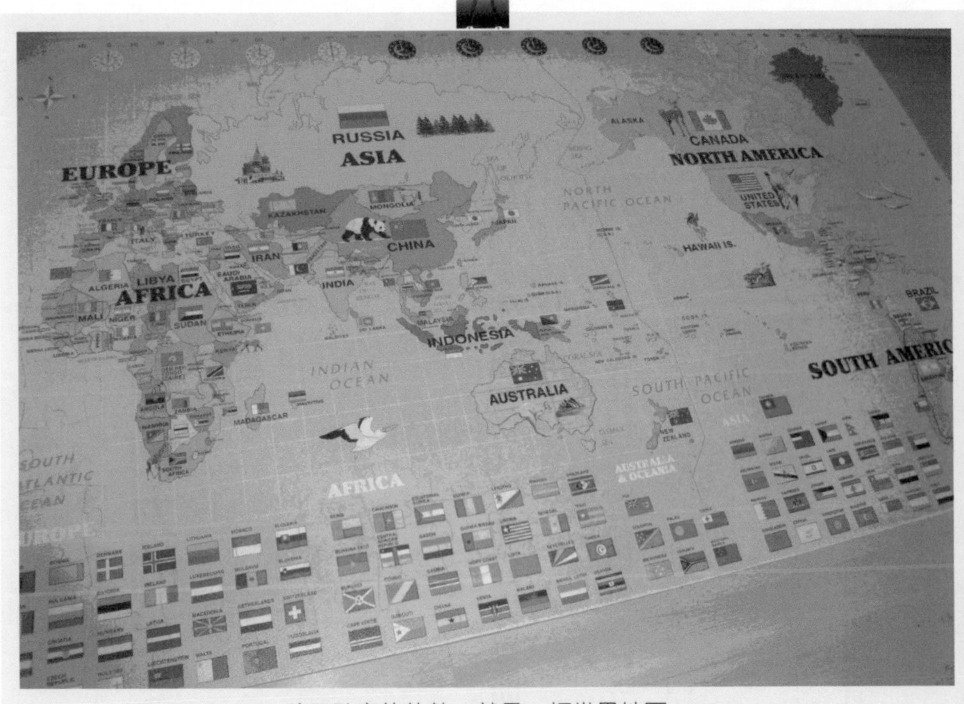

孩子臥室的軟墊，就是一幅世界地圖。

教養小叮嚀

一、父母可以將學習的「主動權」，還給孩子，讓孩子依照自己的喜好、興趣，在生活中找到可以學習的題材，也培養出孩子的「自我學習力」。

二、可以依孩子的興趣，適時為孩子設定學習目標；例如購買「世界各國的地圖」，每當有新聞事件、提及國名時，就給孩子作業、任務，也在遊戲中，培養孩子的「求知慾」與「學習力」。

激發學習動力的好奇心

點燃孩子的「求知慾望」，就能為他敲開知識學習的大門。不論是電視、運動、休閒、新聞，都可以增加孩子的「知識視野」和「學習力」。

學習從生活開始　求知從好奇開始

有一天，我問兒子：「德德，你說，葉門比較大，還是巴林比較大？」

兒子一派輕鬆地說：「當然是葉門比較大啊！葉門比台灣大，巴林是個小島國，它比台灣還小！」

哇，兒子真的太厲害了！他只要手上有一張報紙、一本書，或是一張地圖，都不會無聊，都會用心地把內容看得津津有味。所以，他知道「葉門」是什麼東西；也不會把「巴林」，誤以為是「淋巴」。

有個兒子同學的媽媽，問我內人說：「我兒子房間的牆上，貼的是ＮＢＡ明星球員寇比．布萊恩的海報，妳兒子有沒有貼什麼明星的照片？」

我太太回答說：「還好啦，我們家客廳就只掛孩子的油畫，牆壁上也只貼了兩大張『世界地圖』和『美國地圖』。」

小時候，我住鄉下，我的歷史、地理都不太好，因為，我很少念歷史故事，也沒有興趣看世界地圖。可是，現在家中牆上，貼著「世界地圖」也很好啊！它讓孩子在小小的台灣中，知道有個葉門比台灣大，有個巴林比台灣小；而新加坡，雖比台灣小很多，經濟實力卻比台灣強；波多黎各，雖然面積大，但它是被美國託管，財政很窘迫。不過，波多黎各的年輕人只要打好棒球、有實力，被美國職棒隊挖角，就可以馬上翻身成為億萬富翁！

父母要教孩子什麼？要教孩子——「**充滿好奇的求知慾**」。

只要點燃孩子的「求知慾望」，就可以為孩子敲開知識學習的大門。

孩子的知識，不一定是從課本上學習而來的；打開電視機，即使是運動、休閒、音樂、電影、新聞，都可以拓寬孩子的知識視野。當然，父母也必須用心陪伴孩子一起成長，因為，有些聰明孩子所知道的，可能比父母還要多哦！

教養小叮嚀

一、不要否定孩子的興趣，應該在「陪伴孩子，親子共讀」中引導孩子思考，也從孩子的興趣中，發掘背後的議題與答案。

二、花時間與孩子一起接觸不同事物、參與討論，也養成孩子「坐得住」、「勤學習」的好習慣；父母去理解孩子的思考邏輯，遠比直接批評他「做錯了」，來得重要。

奠定學習根基的閱讀力

閱讀，是一個人學習最重要的一環，也是通往智慧的最近道路。孩子從全心投入的閱讀中，看到了想像力、邏輯概念及組織能力，也打開他的世界與視野。

你「東窗事發、露出馬腳」囉！

我的兒子和女兒平常會玩一些遊戲，來考考彼此的國文常識。

一天，兒子對妹妹說：「柔柔，妳來翻字典，翻看到哪一個字，妳就問我、考我，看我能不能用那個字說出一句成語？」

女兒說：「好！」於是，她就翻一翻字典，看到的字是「先」。好，哥哥必須用「先」這個字，來說出一句成語。

以「先」開始的成語有哪些呢？兒子想了想，說出：「先禮後兵」、「先聲奪人」、「先發制人」！

嗯，不錯！會想到「先發制人」這句成語，對小四的孩子來說，是有點程度了。不過，兒子又對女兒說：「柔柔啊，妳知道『先發制人』的典故嗎？」

念小三的女兒搖搖頭說：「不知道！我只知道『先發投手』！」當然，女兒年紀較小，看的書比較少，還不懂得什麼典故。

兒子說：「秦始皇時代，項羽不愛念書，只會打仗，他向叔叔項梁學習兵法。有一天，項羽和項梁看見秦始皇，項羽說：『呵，這個人我可以取而代之！』項梁聽了，趕快摀住項羽的嘴，因為這句話萬一被別人聽到，可是要殺頭的！」

「後來，陳勝、吳廣起兵要推翻暴君秦始皇，很多人都陸續加入。在眾人密謀商討時，會稽太守殷通提議——要『先發制人』，因為先舉兵的人，可以出奇不意、控制別人；後起兵的，就會被人控制，就是『後發制於人』。」兒子愛看歷史書，所以很清楚這些歷史小故事。

其實，我很笨，以前也沒念過啥歷史故事，所以聽兒子一講，我也學到了「先發制人」的由來。

後來，女兒又翻了字典，這次翻到的字是「東」，於是來考哥哥有關「東」的成語。

兒子想了一下說：「東窗事發。」嗯，不錯，很棒。

「什麼是『東窗事發』？」女兒聽不懂，於是狐疑地問：「為什麼不是『西窗』、『南窗』或『北窗』？」

我一聽，不禁啞然失笑。的確，女兒年紀小，搞不懂為什麼一定要叫做「東窗事發。不過，我想了想，我是知道「東窗事發」這句成語，但它的由來是什麼，說真的，我才疏學淺，也不知道為什麼啊？

兒子說：「秦檜和他老婆王氏，都是在『東邊廂房的窗邊』，密謀陷害岳飛的詭計，最後，岳飛被秦檜用十二道金牌召回，百般拷打，冤死獄中。後來，秦檜享受榮華富貴，不過，他終究也死了！秦檜死後，他老婆王氏有天神情恍惚，似乎夢見一些牛頭馬面的小卒，赤髮獠牙，手拿鐵棍；而秦檜則被綑綁戴鎖，落魄地對老婆王氏說：『我好苦噢，東窗事發了。』」

「所以，『東窗事發』就被後人用來形容『事跡敗露、陰謀露出馬腳』！」哇，兒子的歷史知識真不是蓋的！後來，他又說：「秦檜是個大壞蛋、大奸臣，所以他死後，很多人在他的墓碑上撒尿，唾棄他、羞辱他！」

「啊？在墓碑上尿尿？那墓碑不會滿嗎？」女兒柔柔不解地問。

「怎麼會滿？尿尿後，水就流掉了啊！」兒子說。

「不會啊，在墓碑尿尿，尿當然愈來愈多，那誰要拿去倒掉啊？好噁喔！」柔柔又說。

「柔柔，在墓碑尿尿，尿是不會滿的！」哥哥再次說道。

「會啊，『木杯』很小，本來就不能拿來尿尿；在『木杯』尿尿，尿當然會滿呀！一定要有人拿去倒掉才可以！」柔柔十分堅持自己的想法，大聲地說。

哈，原來兒子講的「墓碑」，女兒誤以為是「木杯」；所以，在「木杯中」尿尿，尿當然會滿出來，一定要有人拿去倒掉，不然會很臭的呀！

親子共讀　打造良好閱讀環境

孩子在學習過程中，心境比較不容易平靜下來，但，**父母有責任和孩子一起靜下心，共同看看書**——看童話、看繪本、讀故事書，只要孩子有個正常的閱讀環境，養成他「坐得住」、「靜下來」的習慣，就可以從書本中得到許多知識。

我把我家中的三間衛浴打掉一個，改裝成孩子的「開放式書櫃」；我相信，家中若有好的閱讀環境，就會增進孩子的閱讀意願。所以，這個明亮的開放式書櫃、書架，除了擺上許多孩子喜歡的書籍之外，也擺上孩子自己的積木作品，成為他們最喜歡的「遊戲、讀書的小天地」。

知識，才是孩子一生的財富

星雲大師曾經說：「**花朵的開放靠和風；知識的養成靠讀書；做人的成功靠教養。**」

為孩子打造開放式書櫃，營造適合的閱讀環境。

的確，父母有責任讓孩子因讀書而累積知識，也因教養而使孩子懂得做人；如此一來，孩子的生命花朵，才能綻放、盛開。

「閱讀」是學習最重要的一環，也是通往智慧的道路。孩子從投入的閱讀中，獲得了興奮、快樂或難過；也從故事的情節中，看到了想像力、邏輯概念和組織能力。

所以，**如果「書是玩具」，「閱讀」就是增長孩子智慧最好的遊戲！**

教養小叮嚀

一、根據美國哈佛大學閱讀心理學家夏爾教授（Jeanne Chall）提出的閱讀發展理論——孩子是先「學會閱讀」之後，才能「從閱讀中慢慢學習」，因此要先「啟發孩子的閱讀動機與興趣」，慢慢再讓孩子「培養閱讀的樂趣與好習慣」。

二、「選書」也是很重要的，必須先了解孩子「有興趣的領域及喜好」，否則，孩子很難從中找到閱讀的樂趣。

三、親子共讀時，切記不要一直要求「孩子去讀書」，大人卻在「滑手機」、「看電視」；閱讀完後，也可以適時共同輕鬆討論，讓孩子找到閱讀的樂趣。

培養心境的朗讀力

陪伴孩子「朗讀」，不僅可以讓孩子增加語彙、拓展知識，也能建立孩子與文字書的關係。

同時，當父母靜下心來聆聽孩子朗讀的聲音、專注在孩子身上時，也能增進親子關係。

陪孩子朗讀　陪孩子成長

一天，我從台中演講完回家，已是晚上九點半，孩子快準備上床睡覺了；不過，我幫女兒、兒子剪完指甲後，拿起桌上的《人間福報》，對兒子說：「來，德德，你把這篇文章念一下好不好？」

兒子愣了一下，說：「為什麼要念？」

我指著星雲大師「人間萬事」專欄上，一篇主題是「會成功」的文章，告訴兒子說：「你一個字、一個字慢慢念，念文章，對你寫作文會很有幫助。」

這時，兒子說：「好吧！」於是，他很乖地開始念了——

「每個人一生當中，最關心的問題，莫過於『我會不會成功？』成功，有成功的條件；不成功，也有不成功的原因。世間凡事要結果，先講究原因；不播種，怎麼能有收成呢？基本上每個人都會成功，只是成功的條件很多，例如健康的身體、正派的行為、一定的知識水準、做事公平正直等等……」

念到這裡，我對兒子說：「你念文章時，要認真、用心，不能太隨便；就像你寫文章是很認真，念文章，也要有大小聲、要投入感情，把文章的重點，清楚地念出來。」兒子聽了，點點頭，繼續念——

「一、誠信篤實的人會成功：『人無信不立』，誠信是做人的基本道德。在數十年前的古老社會裡，即使開個小店，店內都會掛個告示牌：『童叟無欺』，表示經商買賣重視的是誠信。做人也要誠信篤實，不要想去愚弄別人，想要愚弄別人的人，最後反而愚弄了自己。經常喊『狼來了』的小孩，三次就自食惡果了，所以做人要守本分，不要投機取巧。中國人一向以忠厚待人為美德，花言巧語騙人於一時，不能永遠得逞，所以一個人想要成功，必須誠信篤實，誠信篤實的人會成功。」

兒子聽進我的話，坐在我的腿上，很認真地念。

此時，我真的很開心，他以前從來沒有念過報紙的文章，可是，他很好學，只要對他有幫助的事，他都願意學習、嘗試。而且，當我看到他認真念星雲大師的文章時，就好像看到年輕時的自己；因為，我以前也都是拿起報紙，不停地朗讀；我對著小麥克風，一邊念、一邊錄音，一念就是半小時、一小時。有時，我念到嘴角都出現白泡沫，但，我很快樂，我知道，我天天在進步。

我對兒子說：「德德，你看，單單你念的這一段文章當中，就有好多成語對不對？我們來算一算，有多少成語？」

我和兒子一起算：「人無信不立」、「童叟無欺」、「自食惡果」、「投機取巧」、「花言巧語」、「誠信篤實」。

「你看，你念一遍，就學會了這麼多成語，以後你寫文章，也要學習把成語放進文字當中哦！」我摟著兒子說道：「好，你再念一段。」

「二、守時勤奮的人會成功：守時不但是做人應有的禮貌，也是人際之間應該共遵的道德。在六、七十年前，蔣經國先生在江西當行政專員時，提倡『新生活運動』，其中有一條『守時』。猶記得當時小學的國語教科書中，有一句：『短衣短褲上學校，從不遲到半分鐘』，這句話深印在我的腦海，我這一生不但不退票，而且非常守時，就是深受這句話的影響。過去我會說，我這一生都是在『限時專送』中趕赴行程，到後來甚至成為『快遞』……」

逐漸地，兒子愈念愈有信心，也比較不畏縮了，因為，**「一回生、二回熟、三回成高手！」**朗讀，就是要大聲、感性地念出來，而且，**要把重點字，用「比較慢、清晰、或音量較重」的方式，投入感情地念，才能吸引人聽下去。**

「好了，今天念到這裡就好了。以後，你每天都要花十分鐘念一篇文章，好不好？」兒子聽了我的話，點點頭說：「好！」

因為朗讀，增進親子幸福

每當兒子和女兒，坐在我腿上，認真地念著報紙新聞、社論或專欄給我聽時，我就覺得自己很幸福，因為兩個孩子這麼乖巧，願意「耐煩」地念一些無關課業的文章給我聽，我好開心。

我知道，自己很忙碌，經常不在家，無法用很多時間陪伴孩子，但**善用一些零碎的時間，讓孩子願意和父親多親近，也在「親密朗讀」中學習**，真是一件美好的事啊！

所以，多花點時間陪伴孩子，一起共讀、一起玩耍、一起互動，都會使親子之情更加緊密！

教導孩子有一份「耐煩的心境」

我希望透過朗讀，來訓練自己和孩子，有一份「耐煩」的心境。

很多人「不耐煩」，覺得朗讀、念稿子很無聊；可是，只要耐煩、願意學習，就能「從不會到會」、「從不懂到懂」、「從普通到專業」、「從不好聽到很好聽」。

很多人都知道，「成功很難，失敗好容易！」**一個人想成功，就要學習耐煩啊！**

有人說，一個人的成功，是因為他過去做了很多「正確、耐煩的事」！

許多知名的播音員、主播、主持人，過去都曾不厭其煩地自我訓練朗讀、播音；一個字、一個字地念稿，也耐煩地正音，才能使自己的說話表達得更清楚、更有語言魅力，也成為一個受歡迎的人！

所以，耐煩、有恆心的人，讀書做事才能深入！

而且，「**時間花在哪裡，將來成功就在那裡！**」

朗讀技巧分享

朗讀，是自我興趣的學習與成長。很少有老師會要求孩子時常朗讀，因為，考試要考作文，卻不會考朗讀；可是，喜歡朗讀的孩子，作文能力一定會愈來愈好。因為從朗讀中，可以讀到名家、作者的用字遣詞，也能學習別人的優美文字、布局，或如何開場、如何結語。

所以，父母可以試著教導孩子「愉悅地朗讀」，來增進親子之間的情感，也讓孩子的口齒表達更清晰、文字素養更豐富。

其實，「朗讀」可以運用零碎的時間來完成。

譬如：下課十分鐘、等待醫生看診、坐在公車上、捷運上，或吃飯還沒上菜時——只要有三五分鐘、七八分鐘、半小時，都可以拿出一篇文章來「輕聲朗讀」。充分利用時間，是一件多麼快樂的事啊！

不過，在朗讀時，應該注意下列幾件事：

一、**要用心、認真、清楚地把每個字音，念得精準、飽和。**例如，第二聲、第三聲、第四聲，都要念得完全，不能隨便馬虎。

二、**不必在意文章是誰寫的，但要運用有感情、專注、投入的聲音，自我練習。**也要像個播音員一樣，以真性情把它念出來。

三、**朗讀時，別人是看不見文字的，但朗讀的音韻表達，必須悅耳。**同時，也要讓人聽得出來——「這聲音的尾音，應是逗點、是句點、還是問號？這段文字的聲音，是喜悅、還是悲傷？是結束、還是尚未結束？」若能有此功力，聽朗讀的人，就會很舒服、愉悅。

四、**喜歡朗讀的人，一定會更自信，上台演講時，也一定會更從容不迫。**所以，訓練朗讀，除了可以練習口齒的清晰度之外，也能讓自己去除膽怯、害怕，進而使自己更擅於優雅表達。

五、**朗讀時，要把聲音錄下來，讓自己聽，也拿給別人聽。**請記得，「聲音是可以改變、可以進步的」，拿給別人聽、請別人指導，才能知道自己的缺點，並加以改進。多朗讀，一定能讓自己的聲音愈來愈標準、愈好聽、愈有吸引人的韻味哦！

鍛鍊觀察的寫作力

訓練孩子的「快速打字能力」，不如培養孩子的「優質寫作能力」。教導孩子「多觀察、勤記錄、常寫作」，是讓孩子受用一生的好習慣啊！

媽咪，我們的筆記本帶了沒？

常有人問我：「戴老師，你怎麼有辦法寫五十幾本書，而且本本都能登上暢銷排行榜？」

其實，我很笨，不會念書，年輕時只念專科學校；但，我很認真，常寫筆記，也喜歡把聽到的、看到的，用筆記下來。我雖然不太會考試，也不太懂數學、物理、化學，但「勤寫筆記」，是我勤能補拙的方式和習慣，也是我的「生存之道」。

也因此，我每天做剪報、分類歸檔，做成我的資料庫。

我隨時帶筆、帶紙，也勤快記錄。

我知道，一個想法、一個觀念、一個靈感，稍縱即逝，若不立刻寫下來，一定會忘記；但是，只要寫下來、記下來，就一定不會忘記。

不知何時，我的兒子、女兒也學習到老爸「隨時記錄」的好習慣。每次帶他們出去玩，兄妹倆總是會問：「媽，我們的筆記本帶了沒？」

這真是有點特別，因為別的小孩出去玩，大部分都是用眼睛看、用手摸，或用嘴巴講；不過，兒子、女兒出去玩，還帶著「筆和紙」，用心看、認真記，真的很乖、很像我，哈！

有一次，我帶全家一起到宜蘭的「馬告生態公園」去玩；那裡到處都是高聳參天、又高又大的神木群。這時，兒子、女兒一人拿著一本筆記本，認真地寫下「孔子」、「文天祥」、「顏真卿」、「孟子」、「司馬遷」……

咦，這是在幹什麼？怎麼寫了這麼多古人的名字？原來，這些都是每一棵神木的名字，也就是園區人員根據每棵神木的年齡，比照古人的出生年代，為每棵神木命名。此外，兒子、女兒也把每棵神木的「樹高」、「樹齡」、「胸圍」、「直徑」等數據，一一地記錄下來。

當遊客三三兩兩、走馬看花地走過神木區時，見到兒子、女兒竟如此認真地寫筆記，都不禁稱讚他們：「小朋友，你們這麼認真啊？好可愛喔！」別人的誇讚，讓我這個做父親的，覺得顏面有光、很有面子。

另外，每次在外住飯店時，不管是國內或國外，兒子總是帶著妹妹「寫筆記」。他們不一定要看電視卡通，但只要一起完成筆記，就很高興；因為，回家後，他們就可以寫「遊記」、或是「寒暑假作業」。而且，老師對他們的「遊記」或「作文」，都給予高分的評價，甚至刊登在校刊上，真是極大的鼓勵。所以，他們就愈寫愈起勁了！

有人說：「搶救作文能力，從寫日記開始。」

不過，我還要加一句：「寫日記的能力，從勤寫筆記開始。」有「寫筆記」的好習慣，就不愁「寫日記沒題材」！

當然，英文、數學、歷史、自然、社會，以至於將來的物理、化學，都是專門的學科，作文只是其中之一；可是，父母要教給孩子的是——**「培養孩子受用一生的好習慣」**。

有一位銀行主管很感慨地說：「現在新進的女職員，打字能力都超快的，可是叫她寫一篇報告，她居然怎麼寫，都寫不出來！」

的確，訓練孩子的「快速打字能力」，不如培養孩子的「優質寫作能力」。因為，「字打得快」不如「文章寫得好」，不是嗎？

所以，**教導孩子「多觀察、勤記錄」，來增強孩子的「寫作能力」，就是讓孩子受用一生的好習慣啊！**

掌握孩子的「印記關鍵期」

在心理學上，有所謂的「**印記關鍵期**」（Imprinting），也就是在孩童學習成長的過程中，都可能處於「危機與轉機」的十字路口；前一個階段處理得宜，危機可能就變成轉機，而成功地度過危險期。

孩子在培養學習能力和個別人格的關鍵時刻，就是「印記關鍵期」。此時父母若給予孩子更多的關注、鼓勵、矯正，對於孩子的學習能力、認知能力，都會有正面的幫助。相反地，父母若未能掌握孩子的「印記關鍵期」，沒有給予積極的教導或糾正，則孩子很容易養成不良的壞習慣或學習障礙。

教孩子走得早，不如走得穩、走得好

父母在孩子的「印記關鍵期」，必須用更多的時間來陪伴孩子，也灌輸孩子更多正面的價值觀，以及良好的學習習慣。

作者的孩子出遊時，都會隨身攜帶筆記，也於飯店內將所見所聞記錄下來。

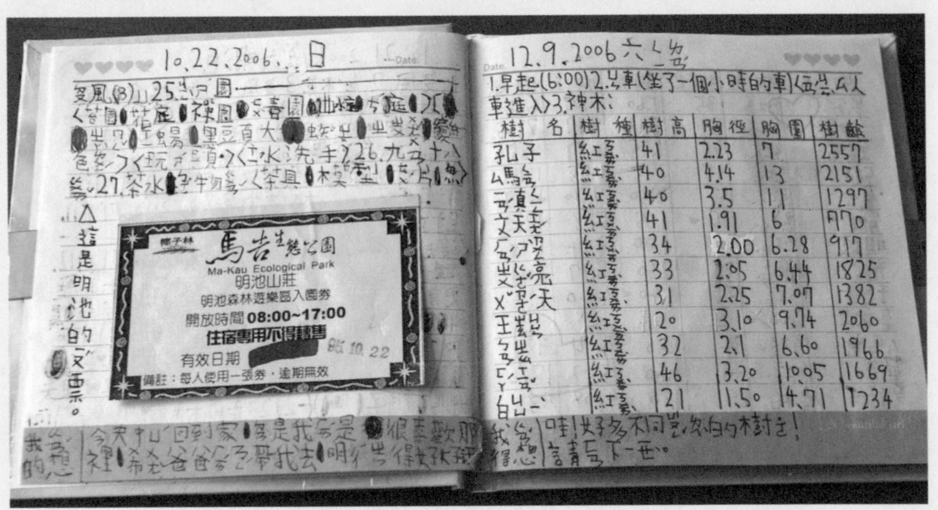

造訪宜蘭馬告生態公園時，女兒寫下沿路樹木的「樹名」與相關數據。

當然，「多觀察、勤寫日記、常做筆記」，只是一些小小的動作；但是，在孩子成長的「印記關鍵期」，若能深刻烙印下這些好習慣，也會形成他們將來認真學習的積極態度。

所以，**「走得早，不如站得穩、走得好！」**

千萬別把孩子的信心全罵光

在孩子的「印記關鍵期」，父母千萬不能把孩子的信心全罵光！被罵光的信心，會使孩子烙印出憤怒、反抗、退縮、逃避的負面心理。在「印記關鍵期」，父母必須用更多溫柔的愛，帶孩子看世界、感受世界；也要用更多的心，教孩子學會感謝，懂得養成「快樂學習的好習慣」。

教養小叮嚀

一、在數位時代生長的孩子，隨著網路的普及和社群軟體的興起，進而影響到他的寫作能力，甚至出現「複製貼上」或「片段式」的書寫。因此，培養孩子「敏銳的觀察力」與「寫作的習慣」，是十分重要的。

二、寫作文不僅只是一門學科，更重要是培養孩子的思考、溝通、組織與表達能力，並且從中學會找到自己的「想法與價值觀」，以及文筆能力。

三、「閱讀與書寫」是相輔相成的，也是最基礎的素養；因此在寫作的同時，也別忘記「廣泛閱讀與習慣朗讀」。

品味生活的感受力

別叫孩子獨自待在房間裡，獨自閉門寫日記、寫作文；要經常帶孩子出去看看特殊、有趣的情景。教導孩子——「用眼看見特殊，用筆記錄情懷」，讓他的眼睛睜大了、雪亮了，腦袋也就會記住了！

裝滿家人的好心情，一起出遊！

週末的放假日，父母要帶孩子到哪裡去玩呢？我想，大部分的父母常會為此問題而困擾。我呢，也常因這件事傷腦筋。不過，我會盡量動動腦，想出不同的地點，讓孩子有不同的感受。

一天，星期日下午，我和內人帶著兩個孩子到「二二八紀念公園」，去玩打棒球；然而，其實最重要的是，我告訴孩子們：「爸爸帶你們去總統府。」

「啊？傍晚去總統府幹嘛？總統府又沒什麼好看的！」孩子們說。

「有啊，總統府雖然不能隨便進去，可是六點十分，總統府外面有降旗典禮啊！你們從來沒有看過總統府的『降旗典禮』對不對？」

所以，那天五點五十分，我們就徒步走到總統府前大道，先拍拍照片。

總統府前有許多憲兵和便衣警衛站崗；可是，有一名身上綁著一條鐵鍊的中年男子，卻在憲警面前，不停地來回踱步、走動。這名男子將身上的鐵鍊，沉重地拖在地上走，不理會憲警的勸阻，緩步地從左走到右，又從右走到左。顯然，他是隻身一人前來抗議的。

然而，在接近六點時，軍樂隊和儀隊在女軍官的前導下，軍容壯盛地走了出來。他們在總統府前就定位之後，儀隊開始了「拋槍、甩槍」的表演；每個隊員技術純熟地將槍甩向空中，形成一波波不斷翻滾的海浪，讓人看了目不暇給。

這時，總統府頂端、站在國旗下方的兩名降旗手，早已就定位，而那名拖著鐵鍊踱步的男子，也在憲警的勸導下，停止抗議走動。總統府前面三方的「紅綠燈」，都突然變成「紅燈」；所有車輛，全都停止前進；所有路人，也全都停下腳步！

此時，一位身材英挺的儀隊隊長，站了出來，面對大家，高聲大喊：「降——旗——典——禮——開始……」

原本總統府前車水馬龍的熱鬧景象，也頓時安靜了下來！

軍樂隊隨即在女軍官的指揮下，演奏起國歌，現場民眾也都開口齊唱！這國歌、這降旗典禮，在過去不同政府的主政下，是不容易聽見的；如今，政黨輪替，令人感動的降旗典禮，再度呈現在國人眼前。

接下來，在國旗歌的演奏樂聲中，兩名降旗手將飄揚在空中的國旗，緩緩降下！現場民眾，安靜專注地看著那青天白日滿地紅的國旗；那是代表著台灣、中華民國的國旗，也是讓這塊土地上生長、成長的子民，感到光榮和驕傲的國旗！

短短十分鐘的降旗典禮結束了，軍樂隊和儀隊在鼓號聲中離去了，紅燈變成綠燈了，車輛又和平常一般疾速穿梭前進了。我，帶著孩子，按停住手上的小錄影機，也慢慢地走離總統府。

這一幕，兒子和女兒看見了，他們晚上回家「寫日記和作文」，又有題材可以寫了；而且，這題材，保證其他同學沒有，是新鮮、奇特、感動的！

帶孩子體驗世界　從五感去認識生活

父母常叫孩子寫日記或作文，可是，難道就叫孩子「記流水帳」嗎？不，父母有責任，帶孩子去看不同的場景或有趣的畫面，給孩子「視覺刺激」和「腦袋刺激」。

叫孩子獨自待在房間裡，獨自閉門寫日記、寫作文是有難度的，因為，他沒有特殊畫面可以寫！可是，當孩子看見新鮮、有趣、特殊的場景和畫面時，他的眼睛雪亮了，腦袋也記住了，怎麼會沒有題材寫作文呢？

「父母，是孩子最好的老師！」

在假日時，父母不一定要帶孩子到遊樂場、麥當勞，或逛百貨公司；多帶孩子去看看有意思的不同場景——「**用眼看見特殊，用筆記錄情懷**」，那麼，孩子們的親身體驗就會更豐富，寫作文時，就一定會有更棒的題材啊！

生活即教育，讓孩子學習放鬆

美國教育權威杜威博士說：「生活即教育，生活裡的每個環節和經驗，都是教育的重要部分。」

學業、功課很重要，但它不是孩子生命的全部；分數、成績很重要，但它不是孩子生命中的唯一。所以，父母不要一直逼問孩子：「書念完了嗎？功課做完了嗎？」「考試有沒有把握？」「趕快去念書，不要玩了！」

孩子需要放鬆，不要逼他神經緊繃；假日時，父母則有責任帶著孩子，快樂地外出踏青、旅遊，也一起培養愉悅的親子關係。

用愛，繫住孩子的心

親子關係是要「用心經營」的。有些父母因著工作、賺錢，而忽略了將心思放在與孩子的互動上。有些家長在假日仍有應酬，或只顧在家睡大頭覺；也有些父親，長期在外經營事業，以至一回家，和孩子講話常不超過三句——「洗澡了沒？吃飽了沒？功課做完了沒？」接下來，就沒有什麼話講了。

「幸福，是要用心經營的。」

陪孩子做功課、爬爬山、散散步、下一盤棋、打打撲克牌、一起唱唱歌，一起走過、度過、笑過！

「用皮帶、棍子打罵孩子，孩子的性格就會被扭曲、被傷害！」

「用愛，繫住孩子的心，孩子就是幸福的！」

教養小叮嚀

一、數位時代帶給我們許多便利的生活，孩子可以藉由網路來認識世界，不受時空的限制，但這也剝奪了孩子「直接體驗世界的能力」；孩子雖然透過電腦、手機的媒介，從他人的口中認識了世界，但，卻無法獲得親身經歷的「真實感受」。

二、多陪伴孩子「旅遊與觀察」，對孩子的發育與學習，一定是有影響的；尤其是在發現新事物的時候，能夠刺激與訓練大腦，也影響孩童的認知發展。因此父母有空時，可以多帶孩子出門走走，或與孩子一起規劃旅程，找出最適合的「親子旅遊行程」。

Chapter 2

成長路上的關鍵心態

性格決定命運，心態決定成就。

培養自信、與情緒共處，

讓孩子以「正向思考」來面對成長的挫折與挑戰！

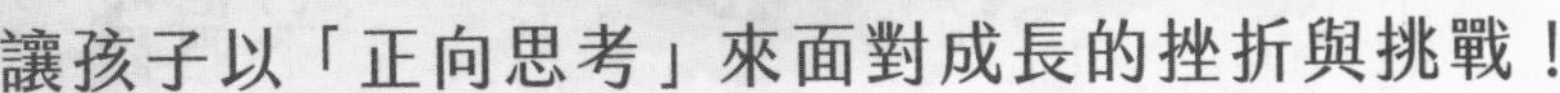

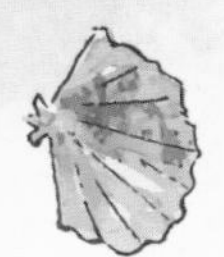

從玩耍中，發掘自信

孩子的自信，經常是「玩出來」的！不要總是催促孩子去做功課，有時間，不妨培養孩子休閒娛樂的興趣，讓他們在玩耍中，探索出「擅長的領域」，也不會成為天天窩在家的「宅男、宅女」。

平衡課業與休閒時間

兒子的同學，本來答應週末要到家裡來玩的，可是卻臨時不來了，原因是同學段考沒考好，媽媽不准他出去玩。

也有女兒的同學說，每次要考試時，她們家都很緊張，媽媽不准她出去，連爸爸最愛看的籃球賽、棒球賽，都不准看；全家似乎都進入了「備戰狀態」，不能打開電視、不能玩電腦遊戲！

我們家，是比較沒那麼緊張的氣氛，考試到了，兒子照樣看美國NBA職籃大賽，看籃網隊、馬刺隊、湖人隊、太陽隊……等精采的球賽；當然，美國大聯盟的棒球賽，更是必看，看看喜歡的球隊是否贏球、晉級？

其實，看籃球、棒球比賽或電視轉播，都是我太太把孩子「教壞」的，因為她自己很喜歡看，是個「超級球迷」，所以，她就教孩子看球賽；我們全家甚至瘋狂地一起到球場，看國內超級盃籃球賽，或到美國看NBA球賽。也因此，現在兒子、女兒對籃球的比賽規則、或球員、教練的名字，都如數家珍；甚至也一邊看球，一邊當起「球評」來。

當然，孩子的功課很重要；但是，孩子的「休閒娛樂」也很重要。

孩子不要只是讀書、只為考試緊張；孩子的作息要規律，也要有「空白、留白」的休閒、娛樂，讓孩子的頭腦能放鬆、冷靜。

假如，孩子的腦袋一直處於「緊繃、備戰、上緊發條」的狀態，心情也一定很緊張，考試就不見得能考好啊！

沒有人一輩子都贏！

現在的孩子，要上安親班、才藝班、英文班、珠心算班、鋼琴班、作文班、繪畫班……天啊，好多、好忙喔！每天的時間，幾乎都被父母安排得滿滿的。

可是，孩子的興趣在哪裡？孩子是不是有時間做些「自己喜歡的事情」？父母總是覺得——要讓孩子將來「有技藝、有競爭力」，所以就叫孩子去上一堆「才藝課」；而考試分數更不能難看，考不好，就關在家裡看書，不准出去玩！

其實，一味地硬塞太多東西給孩子，效果並不一定好。

留一些空白時間給孩子，讓孩子「喜歡觀察、喜歡閱讀、喜歡學習、主動學習」，才是最重要的。

每當我的孩子考試成績稍差一些時，我家太座偶而也會抓一些小狂、小小生氣一下；我呢？我不太生氣，處之淡然。為什麼？

因為，我小時候的成績也很差，國、高中時都是班上後面幾名，所以才兩次考不上大學！可是，學校考試成績不好，又有啥關係？現在，我不是照樣混得還不錯？

而且，我覺得孩子的成績已經很棒了，他們的考題很難，很多題目連我也不會回答，被扣幾分，沒啥關係啊！

真的，**「沒有人一輩子都會贏！」**

有人贏在「考試分數」，有人贏在「人際關係」，有人贏在「積極態度」，有人贏在「主動學習」，有人贏在「鍥而不捨」，有人贏在「婚姻家庭」。

人生的贏，有很多種。

但，**現在的贏，不一定保證將來一定會贏；現在輸了，將來也可能會大贏啊！**

所以，父母要教給孩子什麼？

要教給孩子「懂得放鬆、休閒」，不要緊繃自己；要隨時保有「樂觀、開朗」的心；也要養成「喜歡閱讀、主動學習、熱愛求知」的好習慣，以及「隨時抱持希望的態度」！

父母逼壓孩子越多，他逃得愈遠啊！

除了讀書、學才藝，孩子總是希望有遊戲、休閒、娛樂的時間。其實，如果父母對孩子說：「今天放假，不用寫功課」，孩子一定很開心！所以，父母不妨換個角度，對孩子說：「先去玩吧，回來再寫功課！」或是：「今天不做功課，放鬆一下，明天再做！」

先放鬆心情，不要精神緊繃，親子關係可能會更融洽！同時，也可以做到——把學習、遊戲的決定權，留給孩子。

父母不必強為孩子做決定。**父母的責任是「幫孩子分析優缺點、性格喜好」，再把決定權留給孩子**，讓孩子練習做決定；而且，一旦做了決定，就不再後悔，而必須有始有終。

培養孩子休閒娛樂的興趣

孩子慢慢長大，但不能天天窩在家裡當「宅男」、「宅女」，或天天看電腦、上網、打電玩……父母必須讓孩子培養良好的休閒娛樂，讓孩子喜歡看球賽，或打羽球、桌球、棒球、網球，或參加合唱團、登山、舞蹈。

總之，孩子必須有喜歡的休閒娛樂，才不會自閉、鑽牛角尖，才會活潑、陽光、可愛！孩子在朋友與團體中，有娛樂、有歡笑、有興趣、有成長，才會更有自信。

孩子有自信、不害羞、不退縮，敢勇於表現，經常是「玩出來」的啊！

教養小叮嚀

一、父母在「培養孩子自信心」上，扮演十分重要的角色，除了平時要鼓勵、讚美孩子之外，也要盡量「避免比較」。其實，自我信心的形成，需要「內在和外在的安全感」；孩子除了要親身體驗「相信自己能做到」以外，「外在的肯定」也十分重要。當「自我感覺」跟「他人評價」沒有太大衝突時，孩子才能夠產生自信心。

二、即使孩子在課業上有傑出、特殊的表現，也不等於孩子擁有足夠的自信；過度保護、不夠信任，可能都不利於培養孩子的自信。所以，父母可以試著放手，讓孩子親自嘗試，讓他們大膽放心，去「玩出自信」！

學會與挫折相處

孩子在學習過程中，難免會有不如意，但是，父母也要讓孩子體認到——把「挫折」當家常便飯。在挫折來臨時，要去「面對它、克服它、打敗它，再放下它」，千萬別被挫折所擊倒。

學會改變心境　不放棄才能有傑出表現

學期末了，兒子的學科成績拿了全班第一名，可是，卻只得到「五育獎」的第二名。為什麼？因為他的音樂、體育和鄉土語言的成績不夠好，所以「五育總成績」被拉了下來。

我對兒子說：「德德，沒關係，你不一定每科成績都要是最棒的，你只要有一些是最棒的，就夠了。你不一定要音樂、體育都拿第一！就像王建民會當投手，可是，他卻不擅長打電腦、也不太會『跑壘』；你看，他在跑壘時，不小心扭傷了腳，要休養至少六、七個星期，整個球季就報銷了，不是嗎？」

的確，孩子只要快樂學習，並在挫折中，懂得**「改變心境」**、**「不生氣、不放棄」**，將來就一定會有很傑出的表現啊！

每個父母，對教養孩子都有不同的方式，但只要投入時間與心思，都能讓孩子出人頭地；因為，「教出好兒女，我們都辦得到」，只是，父母必須以用心的態度、正確的觀念與身教，給孩子良好的榜樣，同時也多多鼓勵孩子——**失敗之後，記得「要把鬥志找回來」**。

打球，總有輸球的時候；下棋，也會輸棋；考試，也會有失常的時候；各項比賽，都可能不如人意、無法得名。失敗之後，或許會有些落寞和愴然，但是，人生如果沒有鬥志，就不會有奮發再起的信心與決心。所以，絕不能失去自己的信心，要趕快找回鬥志，才是英雄氣魄啊！

存最好的希望，做最壞的打算

人生在世，總是希望「有好運發生、考上好學校、有好前景、好人脈；也有好歌可以歡唱、有彩虹可以欣賞、家庭和諧、美夢成真……」

可是，人生無法料事如神、盡如人意。不過，我們必須盡自己最大努力，存著最好的希望、也做最壞的打算，當逆境來臨時，依然有最好的心理準備！

因為，人生不如意的事「十之八九」，但如意的事，仍然有「十之一二」。

所以，我們都要——「**記住一二，忘記八九，我們才會快樂！**」

凡事往好處想，就會有好運發生

一個人的心境很重要，心境愉悅、快樂學習，成績就會愈來愈進步！

老師交代什麼作業，快「往好處想」——「這是對我有幫助的，早點開始寫，就會早點結束！」

有挫折、失敗時，趕快「往好處想」——「失敗一次，就多學一次經驗，距離成功就多靠近一步！」

凡事正面思考、往好處想，人就會快樂、喜悅，臉上就會露出笑容，就一定會有好運發生在自己身上！

在不圓滿中找出路，也在失敗中學習

人生常是不圓滿的，可是，在缺憾、不圓滿中，依然可以走出一條寬廣的道路。只要不沮喪、不放棄，孩子都可以在失敗中學習。而且，**「在失敗中學習」，往往比「在成功中學習」，來得更珍貴！**

教養小叮嚀

一、美國心理學家馬汀．塞利格曼（Martin E. P. Seligman）曾提出「習得性無助」的概念；「習得性無助」是指——當人或動物遭遇接連不斷的挫折後，便會感到無助、喪失信心的狀態，甚至覺得不論怎麼做，都無法改變結果，進而喪失鬥志。但，父母必須「給孩子自信心、為他們打氣、培養他們正面思考的能力。」

二、陷入「習得性無助」的孩子並不是做不到，只是接二連三的挫折，讓他們覺得「努力很無用」；這時候，父母可以帶領孩子分析，找到失敗的真正原因，並對症下藥；或是，趕快「轉念」，讓孩子去做一些有「成就感」的事情，建立成功經驗，讓孩子重新找回「信心與鬥志」。

讓孩子學會「認識自己」

「愛，是永遠的信心！」父母別用成績單，來決定親子的關係，更重要的是引導孩子認識自己的身體、情緒、個人特質以及長處，並讓孩子學會「釋放壓力、紓解壓力」，才能具備面對未來的能力。

認識自己　從健康管理開始

我們家的孩子，妹妹比哥哥小一歲八個月，所以，兩個人經常可以玩在一起。他們一起看書、寫作業、畫圖、寫日記、或游泳、玩Wii。

他們兄妹平常會忙到晚上十點，才準備上床睡覺。可是，假如隔天有月考或期末考試，兒子總會要求妹妹，一起提早在九點半睡覺。

為什麼要提早睡覺？因為，哥哥知道，明天有考試，要提早睡覺，明天精神才會好，才能考出好成績。

有這種想法，真好！

早點睡覺，不要開夜車，也不要臨時抱佛腳。有好精神，才有會好成績！

以前，我在美國念書時，從來不熬夜；我認為，成績雖然重要，但身體健康更重要。我的學校成績，一向都是普通，甚至可以說「不是很好」，所以，才會兩次聯考都沒有考上，還考八次托福考試才出國。

儘管如此，我的觀念是——我只求順利拿到學分、平安畢業就好！我不必要全班第一，我不必名列前茅；我只要在求學過程中，平安快樂、身體健康、順利拿到學位，回到台灣，就好了！

也因此，我在美國沒有念名校（也念不起），都是念普通的大學；而我，不熬夜，晚上該睡覺時，就一定睡覺，功課只求過關就可以了。

我認識一位女孩，成績很棒，也在美國攻讀知名大學的研究所，可是，她自我壓力太大、太用功了，每天熬夜苦讀，身體支撐不了；聽別人說，有一天她在圖書館出口處昏倒了，甚至口吐白沫……最後，她碩士念了四、五年，都沒畢業。

再看看咱們清華大學的一名童姓研究生，他在高分子單一分子的發光研究上，有突破性的發現，正著手撰寫論文，準備在國際期刊上發表；可是，他每天熬夜做研究，每晚只睡三小時，長期睡眠不足，最後竟「過勞死」，而結束年輕有為的生命。

童姓研究生的同學十分訝異地說：「他身高一百八十公分，體重八十公斤，壯得像牛一樣，怎麼會『太過操勞、體力虛弱而猝死』？」

健康的身心，遠比成就更重要

真的，學歷再高、表現再傑出，一旦生命結束了，一切都化為烏有；留下來的，只有年邁父母「傷心欲絕的悲慟」啊！

現在，很多年輕學子經常在深夜上網；晚上不睡覺，早上也起不來，日夜顛倒，生活作息不正常。所以，我告訴兒子、女兒——「功課、成績雖然重要，但，身體健康、心情愉快更重要！」

念書、寫功課，是平常就必須認真利用時間準備的，絕不要臨時抱佛腳、開夜車、熬夜苦讀，最後把身體搞壞了！

事實上，一個人要懂得「**認識自己、肯定自己、開發自己、健康自己**」，才是最重要的功課。

一個人沒念台大、沒念哈佛、沒念史丹佛、沒念劍橋、沒念牛津，那有什麼關係？只要能健康快樂地把自己的才華表現出來，就很棒了！

最近，我看到一則外電報導——「美國一項研究指出，熬夜苦讀的學生，其成績表現反而不如早早上床的學生。」

這項研究發現，人類的大腦在半夜、凌晨時，比較無法清晰思考，所以，熬夜念過的內容，常常記不牢；而睡眠時間不足，會導致「注意力不集中」，也影響學生考試時的表現。

所以，兒子、女兒啊，書沒念完就算了，別熬夜，早點去睡覺吧！

考試考不好，沒關係，雖然你媽心情會不好，但，她還是會給你們飯吃的。下次再進步就好，健康快樂就好！（噓——不要告訴你媽這是我說的喔！）

當孩子處於壓力臨界點，要給予「釋放、紓壓」

每個孩子的聰明智慧、EQ程度不同，有人活潑開朗，成績稍差，卻也自得其樂；有人憂悶苦惱，分數輸給同學，難過得想自殺……

所以，**父母要多關心、觀察孩子的舉動，也別忽視孩子的「求救訊號」；當孩子的壓力和忍耐力到達極限時，請記得幫他紓解壓力，釋放心中難過、痛苦的重擔。**

教養小叮嚀

一、在孩子專注課業發展之時，父母應注意，不要讓孩子一味追求分數，而忽視「自我紓壓」、「自我探索」，才不會擁有好成績，卻也對未來感到茫然。

二、透過日常活動的安排，例如：周末、假日的出遊，引導孩子認識性格、探索興趣、談論未來目標……都有助於孩子「認識自己」。

掌握每一次的機會

只要敢報名，就是勝利的開始。只要敢站到台上，就是挑戰自己、磨練自己、戰勝自己，也是一項榮耀的紀錄啊！

當機會來敲門，千萬別錯過

有一次，內人打電話對我說：「我跟你說一件事，你不要嚇一跳哦！」我愣了一下，問：「什麼事？」

「你兒子今天被老師指定，要代表班上參加即席演講比賽！」

哈，我還以為發生了什麼嚴重的大事？不過這件事，的確出乎我意料之外。因為，兒子念小學四年級，平常很安靜，成績總是名列前茅；他喜歡閱讀、寫作文、不多話，不曾當過什麼幹部，也沒參加過演講比賽。可是，為什麼老師會叫他去參加「即席演講比賽」？這種即席比賽是很恐怖的，臨時抽個題目，給一點準備時間，就要立即站在全年級同學面前公開演講，是很緊張的！

在電話中，內人說：「老師說，你兒子作文能力很好，組織力很強，最適合參加即席演講比賽，所以指派他去。」

「可是，他沒有演講比賽的經驗啊……那兒子答應了嗎？」我懷疑地問。

「他答應啦！他說，他每天練習就可以囉！而且，還有三個星期可以練。」

哇，我這兒子真有勇氣！他的個性並不那麼外向，跟我一樣，都是滿內向的人（嘻），可是，他也和我一樣，喜歡「勇於接受挑戰」！

那天晚上，我提早回家。九點鐘，我兒子要我先示範一下，「該如何即席演講？」我站在兒子、女兒、太太前面，像個小學生一樣，以「我的休閒活動」為題，告訴兒子——你可以講，我們曾經到哪裡看籃球賽啦？為什麼喜歡籃球啦？媽媽怎麼教你看球賽啦？球場中，有哪些有趣的事啦？你看到哪些明星球員啦？看籃球賽給你什麼人生啟示啦……

天哪，我真的回到「小學生參加即席演講」的情境，好尷尬，臉都紅了；可是也很溫馨，因為，兒子信心十足地說：「好，明天換我！」

隔天，小女兒在電話中催促我：「爸爸，你要早點回來哦！今天哥哥要練習即席演講……」晚上我回到家，兒子胸有成竹地以「我最喜歡的一本書」為題，在客廳裡面對著家人，用稚嫩、緊張的聲音，說出他喜歡哈利波特的原因，以及書中精采有趣的內容。

當然，小四的孩子要公開演講，是極不容易的，但讓我感動的是——兒子「勇於接受挑戰」、「認真練習」的態度與精神。

以前，我念藝專時，也都是勇敢、主動地參加演講比賽、辯論比賽、詩歌朗誦比賽……雖然剛開始都沒得到什麼名次，可是，「勇氣」最重要！

只要敢報名，就是勝利的開始。

只要敢站到台上，就是挑戰自己、磨練自己！

只要完成比賽，就是戰勝自己，也是一項榮耀的紀錄啊！

也因此，比賽的名次，並不重要；重要的是，一份勇敢接受挑戰的信心！即使沒得名，也是寶貴的人生經驗。

機會在哪裡？——**機會在「勇於嘗試」裡！**

機會在哪裡？——**機會在「自我信心」裡！**

機會在哪裡？——**機會在「努力實踐」裡！**

機會在哪裡？——**機會在「積極創造」裡！**

把握機會　創造機會

大家都知道「種瓜得瓜，種豆得豆」，可是，想要「得瓜」之前，就必須先「播種」啊！沒有「播種、施肥」，如何能「得瓜」呢？同樣地，想要在比賽中得到好成績，就必須先「報名、練習、參賽」，最後才會知道名次！

所以，父母要教導孩子的，並不一定是「勇奪冠軍」，而是要教導孩子「勇敢參加比賽」，因為，每一次的比賽和練習，就是自我成長的機會！而且，「**等待機會，**

不如把握機會」、「把握機會，不如創造機會」啊！

親愛的孩子啊——「當機會來敲門時，你千萬別錯過！」因為，勇敢接受挑戰，才能讓自己更進步、更茁壯！

有強烈決心的人，將無所不能

尼采曾說：「一個有強烈決心的人，將無所不能。」只要有目標、有決心、有行動、有毅力，就能激發無限的潛力，更能使人在逆境中成長。

所以，「有壓力，才會有動力！」

YouTube 共同創辦人暨技術長陳士駿說：「想要快速成功，就是——有好點子，就要勇敢嘗試！」真的，只要孩子有好點子、好機會，不要管會不會得名，只管鼓勵他們去報名、去訓練、去參與，就可以「讓夢想慢慢發芽」。

所以，**只要用心、用腦、積極行動，「夢想，絕對是可以發芽的。」**

想想看，孩子適合參加什麼活動？適合參加什麼比賽？送他去訓練吧！主動幫他報名參加比賽吧！因為，**人生絕對不會是全然順風的，只有不斷地「鍛鍊、並裝備孩子的能力」，才能使孩子在未來的人生中「逆風飛翔」！**

教養小叮嚀

一、人們在學習上可以分為「固定型認知」（fixed mindset）和「成長型認知」（growth mindset）。擁有固定型認知的孩子，傾向「相信能力是天生註定，無法改變」，因此，他們會避免有可能失敗的挑戰，免得讓自己看起來顯得很笨拙；而擁有成長型認知的孩子，則是認為「天分跟能力是可以靠努力改變的」，因此，他們更願意參與學習。

二、父母讚美孩子時，建議可以從孩子的「努力」著手，而非只稱讚他的「天分」；另外，即使最後的嘗試結果不如預期，也可以對孩子付出的努力給予鼓勵，並透過培養孩子系統性思考及解決問題的能力，讓孩子擁有「成長型認知」，才能轉念，並面對更多不同的挑戰。

接受失敗，與挫折相處

有不少孩子會因為「害怕失敗或是犯錯」，導致做事畏首畏尾，甚至不願意去嘗試新的事物。

父母可以引導孩子勇於嘗試、勇於表達、勇於參與，注重努力的過程而非結果。這樣，最後即使沒有達到預期的目標，也能坦然接受。

為挑戰做最好的準備

兒子德德為了參加校內的「即席演講比賽」，很努力地準備；每天晚上，他寫完功課、洗完澡，等待我回家之後，就練習演講給我聽。

當然，「即席演講」都是臨時抽題目的，準備的時間不多，所以，德德也很開心地接受挑戰——每天讓我出一道新題目給他，讓他準備十分鐘，然後，他就必須站在客廳的電視機前，面對爸爸、媽媽和妹妹，發表「五分鐘的演講」。

可是，要講什麼呢？例如——「我最喜歡的一本書」、「我印象最深的一次旅行」、「我最難忘的一件事」、「我最崇拜的人」、「四川大地震」、「我最高興的一件事」、「我最喜歡的科目」……能想到的題目，都要求兒子趕快想一想，如果抽到了某個題目，自己該怎麼構思？該舉什麼例子？該如何開始？該如何結尾？

你知道嗎，要站在父母、妹妹面前練習開口演講、認真地說出五分鐘的話，那是需要極大勇氣的！只見兒子站在沙發前，斷斷續續地說出他臨時組織的話題。

當然，**兒子的演講是生澀的、是不順暢的，但，他的心，是「火熱的、是雀躍的、是願意嘗試、接受挑戰和磨練的」**。

有時，坐在前面的妹妹會故意鬧他、逗他笑，但兒子總是不為所動。後來，妹妹也學習認真看待起這件事，拿著有「碼表計時」功能的手錶，幫哥哥記分，提醒他不能太早下台。

哪個孩子站在人們面前說話，是不緊張的？兒子也不例外！我看見他，雙手一直摸著褲子，也不停地緊張晃動；可是學校演講比賽的麥克風是固定式的，參賽者不能隨便走動，所以，我叫兒子站在小椅子上，放輕鬆、放開聲音講話。同時，妹妹也拿著錄音機記錄，最後再把錄音帶重放一遍，聽聽他演講的聲音、內容如何？

勇敢嘗試　坦然面對失敗

全校即席演講比賽結束了，兒子得了第幾名呢？——噢，對不起，沒得名！為什麼？努力那麼久、那麼認真，怎麼會沒得名？因為兒子上台前，抽到的演講題目是「跳繩比賽」；可是，偏偏兒子不太喜歡跳繩，也沒有跳繩比賽的經驗，所以，上台當然講得不好、不生動！而他所準備的十多個有把握、容易講的題目，都被別的同學抽走了！

沒得名，會不會難過？應該會吧，也會一定會有失落感！

可是，人生哪能盡如人意？能夠勇敢地站在全年級學生面前，發表五分鐘關於「跳繩比賽」的演講，已經很不容易了！不是嗎？

人生這條路，不都是在「**勇於嘗試、接受挑戰**」？即使失敗了，也沒關係，下次再努力，就一定會有更好的成績啊！

兒子二年級時，也參加過作文比賽，同樣沒有得名！可是，他「勤寫日記、勤練作文」，四年級時的全年級作文比賽，他終於拿下第一名！當然，他是開心、喜樂的，因為——**「只要辛苦播種，就一定會歡呼收割。」**

不要怕「輸在起跑點」

暫時的挫折和不愉快，並非是永久的；剛開始輸了別人，也不一定會永遠輸給別人。有些人是「大器晚成型」的，孩子年紀小，不一定要資優、要跳級、要馬上成龍、成鳳！**培養孩子的自信心與勇氣，讓孩子勇於自我承擔、勇於面對困難，就是給孩子最好的禮物。**

所以，暫時輸在起跑點，並無大礙；不退縮、不喪志，磨練孩子擁有「金剛之心」，勇敢迎向多變的人生，積極對抗逆境，那就是最棒的了！

教養小叮嚀

一、教導孩子勇於表達：通常孩子都是被動、害羞的，可是父母必須鼓勵孩子「更加積極主動」，也藉由語言或文字，把想法和意見清晰地表達出來。大人要有耐心地傾聽，引導他如何構思，也適度地稱讚、鼓勵，讓孩子產生興趣，千萬不能潑冷水，澆熄孩子的自信心啊。

二、教導孩子「學習面對挫折、接受失敗」：挫折、失敗人人都有，但，在面對它、接受它之後，還要克服它、超越它！就像拳擊手比賽一樣——「揮出多重的拳，不重要；重要的是，萬一被對手擊中之後，你能承受多少力量？你能不能毫無畏懼地繼續跳躍、揮拳？」

學會與情緒和平共處

失敗之後，或許會有些落寞和愴然，但要帶領孩子學會消化心中的難過、失望，以及不愉快的情緒。同時，也不要失去自信心，要趕快去「找回鬥志」，才是正確的心理態度啊！

難過一下就好，讓鬥志趕快跟上來

很多人喜歡看棒球，尤其，過去是王建民在美國職棒大聯盟主投的球賽，經常牽動著無數球迷的心。

我兒子小時候也是一樣，是個洋基球迷，忠心支持王建民；半夜時分王建民主投的球賽，他竟然自己從床上爬起來，打開電視，看看洋基隊贏了沒？

王建民的傑出表現，讓他成為大聯盟二十二年來，最快贏得五十勝的投手；可是，他也曾陷入低潮，一而再、再而三地成為「敗戰投手」，始終無法突圍致勝。兒子清晨四點自動起床觀看王建民主投的比賽——「唉！又輸球了！」算了，不看了，繼續睡覺吧，明天還要上學呢！

過去，我曾上了警察廣播電台的節目，主持人問我：「戴老師，聽說你以前曾經來報考過我們警廣，最後沒有被錄取？」

我說：「是啊，那是我三專畢業、剛退伍時，曾經來報考警廣，可是警廣並沒有錄取我。」

「怎麼會呢？你的聲音很好聽啊！」主持人客氣地恭維我。

「其實，我還記得當時警廣是誰擔任主考官，但他認為我的聲音不夠好，所以沒錄用我！可是這也很好，沒被錄取、沒工作，才會激發我出國念書的鬥志，後來才有機會考上電視台當記者。」我在警廣的節目中，與聽眾們分享自己過去的經驗與心得。

不被錄取，是挫敗、是難過，也是打擊！一時之間，心裡很不舒服、很難接受、難以調適。

可是，人生會遇到的挫敗、不如意很多啊！我們都必須有EQ智慧，告訴自己──**「難過一下下，讓鬥志趕快跟上來！」**

就像王建民一樣，他明明是眾所矚目的超級明星投手，可是，他也會陷入困境和挫敗，一下子被擊出二壘安打，一下子又被打出全壘打！可是，能怎麼辦呢？他只能要求自己──「不要慌、不要亂，要沉著，專注於下一球；難過一下子就好，鬥志要立刻跟上來！」

輸球了，沒關係，人生並不是一次定生死的「PK賽」，還有許多下一場的比賽啊！所以，要忘記背後、定睛遠方、努力向前！

王建民在多次輸球後，剪短了頭髮，讓自己看起來更有朝氣、更有精神、更容光煥發！「改頭換面」之後，他的鬥志跟上來了、也激發出來了，於是他又在下一場球賽中，成為接受眾人歡呼的勝利投手！

「改變心境，就能脫離困境！」

「在逆境中找活路，才能找到順境！」

人生，只要不生氣、不放棄，就一定會有希望；不洩氣、力爭上游，就會成為「最後贏家」。

學習控制自我情緒

一個人的心情不好，事情就處理得不好！

有人說：「性格決定命運！」

其實，性格也決定情緒，所以，情緒也會改變命運。每個人都會有情緒不佳、脾氣不好的時候，不過，當自己生氣時，請記得——「**先處理心情，再處理事情**」，千萬別讓壞情緒拖延太久！

因為，「**脾氣來了，福氣就沒有了！**」

教養小叮嚀

一、除了教孩子學會「先處理心情，再處理事情」、「別用負面情緒性語言來說話」的情緒管理之外，其實父母在面對較為年幼的孩子發脾氣時，也可以遵循同樣的方法，不要先情緒性地糾正孩子的行為，例如大聲地斥責孩子：「不要鬧！」「不要哭！」，否則易造成孩子自我價值低落感。

二、情緒教育是很重要的一環，父母可以協助孩子表達自己的情緒、同理他們的低潮心情，安撫他們、傾聽他們，並陪伴他們，為負面情緒找到「釋放的出口」，才能讓孩子學會處理情緒的能力。

學會珍惜，感恩惜福

很多人因為不完美、有缺陷，才激起自己奮力向上的意志力；而且，他們都選擇了一條「堅毅不屈」、「愈挫愈勇、樂觀進取」的道路。所以，有空不妨帶孩子靜下心，聽聽他們的故事，並從中學習「感恩、知足、惜福」。

從自卑翻轉的生命，最可敬！

我曾帶著小女兒到台北市政府親子劇場，去聆聽來自韓國的「四指鋼琴家」李喜芽小姐的演奏會。

李喜芽的個子很矮，一出生就沒有膝蓋以下的部位，左右手也各只有兩根手指頭；她媽媽真是嚇壞了——「怎麼辦？生出了畸型的女兒，怎麼辦？」可是，喜芽的媽媽還是很愛她，撫養她長大，也訓練她用「四指」彈鋼琴。

當然，用四根手指頭彈鋼琴，是極不容易的，需要更多的耐性、勇氣和堅持！然而，喜芽說，「全力以赴」是她的座右銘。即使有些鋼琴比賽曾拒絕她參加，理由是「以免嚇到別人」，可是她依然不斷苦練，而成為鋼琴家，也獲邀到英國倫敦，與泰晤士愛樂管絃樂團同台演出。

我喜歡帶孩子去看一些「激勵人心」的表演，因為，「真人真事」的實際情景和演出，會讓孩子親眼看見——

「只要我說能，我就一定能，別說不可能。」

「要堅定自己、充滿信心、勇於突破，才能創造亮麗的人生！」

其實，只要用心注意，就可以看到一些激勵人心的公益表演；例如，截肢青少年輔健勵進會，每年都會在國父紀念館舉辦「弦月之美——身障人士才藝大賽」，現場的表演中，就有許多感人的故事！

「輪舞小天后」何欣茹，在九歲時因火車意外，導致左大腿和右小腿截肢，無法行走，也因此，她很害怕人群，經常一個人躲在家裡。後來，她的朋友告訴她：「妳真正的障礙不是外在的肢體，而是妳自己的內心！」

因著這句話，欣茹改變心態，勇敢走出生命的困頓和陰霾。她說：「我想實現當年成為芭蕾舞者的夢想！」

於是，她用輪椅代替雙腳，開始學習舞蹈。她坐在輪椅上，旋轉舞出令人大開眼界的「輪椅標準舞」；甚至還結合了舞台劇，用輪椅舞蹈，來講述人生與愛情的動人篇章。

欣茹說，自從坐輪椅學舞之後，她也嘗試浮潛、攀岩、划獨木舟、玩水上摩托車，她樣樣都敢學習、接觸。如今，欣茹說：「世上沒有什麼不可能的事，我還想挑戰輕航機和飛行傘呢！」

接受事實，用毅力迎向流淚後的「喜樂新生」

另外，當時念國二的郭韋齊，在七歲時生了一場大病，使她失去了雙手雙腳！她的四肢被截斷了，可是，她對人生並沒有放棄，更沒有洩氣；她從小就學跳舞、彈鋼琴，如今，即使被迫截肢，她仍然想要實現自己的夢想。

所以，在「弦月之美」的公演中，韋齊用截肢後的雙腿，踩著滑板出場，也隨著音樂節奏，擺動身體、轉動紙傘；她，就像個「沒有翅膀的天使」，溫柔可愛地在台上慢慢飄舞，舞出生命的韌性、堅毅與感動！

韋齊失去四肢，但她仍勤練電子琴、舞蹈和繪畫，讓她的生命更加光亮、絢麗。她說：「我想跳舞，可不可以借我一雙腳？」

是的，韋齊多麼希望自己有一雙腳，可以跑、跳、自在行走；但，殘酷的命運，讓她無法和我們一樣，能幸運地擁有健全的四肢！看了她們的故事，我們怎能不珍惜現有的幸福？

也因此，帶孩子看看一些不幸人士的傑出表演，可以讓孩子學習「感恩、知足、惜福」；畢竟比起那些肢障、音障或因意外而造成身體殘缺的人，我們都必須更加愛護自己、珍惜生命啊！

同時，**教導孩子「接受事實」，也是一門很重要的功課！**

有些事實已無法改變，就像一些身體殘障的人士，悲劇既然發生，就必須改變「心境」和「心態」；因為，事實無法改變，只能「**接受它、面對它、克服它、超越它**」。

接受事實，不是懦弱、不是退縮，而是誠實地面對自己、重振旗鼓、再接再厲；也用堅毅不拔的精神，迎向流淚過後的「喜樂新生」！

缺陷，是一種向上的動力

缺陷，是一種遺憾；但，也是一種美麗向上的動力。

父母可以告訴孩子——很多人因為不完美、有缺陷，才激起自己奮力向上的意志力。就像本文中的一些肢體殘障人士，他們的缺陷，是天生的、或是後天造成的，但，也都不是他們願意選擇的。不過，他們卻都同樣選擇了一條「堅毅不屈」、「自強不息」、「愈挫愈勇」、「樂觀進取」的道路！

挫折，是上天賜給我們的禮物

生命中的缺陷、挫折，是上天賜給我們的禮物。只有改變心境，樂觀地接受它，並轉化為「力爭上游的動力」，才能讓生命活出自在、美麗。

成長中的孩子需要榜樣、需要模仿；父母可以從生活中，多為孩子指引一條可以學習的道路。孩子在耳濡目染下，必會從「他人自卑翻轉的生命中」，學習到堅強奮起的成功信念！

不管先天條件為何，我們都應該選擇一條「愈挫愈勇、樂觀進取」的道路！

教養小叮嚀

一、要教導孩子學會「知足、惜福」，最有效的方法就是「言傳、身教」，像是——以身作則表示感謝長輩與他人的付出，並引導孩子主動幫助他人，讓孩子在生活中學習，成為一個「體貼、有愛心、善解人意」的人。

二、現代孩子的物質生活相對富裕，父母為了滿足孩子，也會盡可能提供足夠的資源及適合的生活環境；但盡量不要處處遷就孩子，而且要讓他理解——要珍惜現在所擁有的生活、感恩上天給予的健康身體，也要懂得體諒他人的努力付出與辛苦。

用心待人，主動學習

認真對待每一件事，都是在「塑造自己的品牌」。
我們永遠都不知道台下有誰在聽我們說話。但，多稱讚別人，就能贏得友誼；常批評別人，就會招來敵人！

待人以誠，用心做事

在台中文化中心的演講中，我跟全場聽眾分享了一次感動的經驗——

十多年前，我曾應邀到中壢龍岡的陸軍高中演講；那場演講有三千名學生聆聽，所以我的電腦投影畫面，必須做「三個大螢幕連線」，才能讓三千名學生看見。也因此，我向承辦人員說，早上八點的演講，我會在七點到達學校，做電腦投影測試。

當天，我七點準時到校時，赫然發現校長張志範少將，以及各部門主管，竟然在列隊歡迎我；而且，當我一走進校園，突然有一名又高又帥的軍樂隊隊長，立刻大聲高喊：「立正——」隨即快步跑向我，也用最英挺、最帥氣的姿態，向我行個舉手禮！

那時，我有點不知所措，只好也趕快用拙拙的舉手禮回應。

突然間，我聽見現場的鼓聲、樂聲、號角聲大聲響起，大鼓、小鼓、小喇叭、鑼鈸……震耳欲聾、響徹雲霄！天啊，他們竟然是用「軍禮」來迎接我！

您知道嗎，在現場表演的，有軍樂隊、儀隊和旗隊；這些年輕、充滿朝氣的孩子，用精神抖擻的小碎步、變化多端的隊形和雄壯威武的鼓聲、樂聲來歡迎我，讓我受寵若驚。

真的，我不是軍人、不是什麼大官；即使我曾去其他軍校演講，但也未曾受過如此的禮遇與尊榮。所以，當時個子矮小的我站在張校長身邊，心裡砰砰跳，雙手也不知道往哪兒擺，真是覺得尷尬、不自在。

那天的演講，我很開心、滿意，因為，三千名軍校學生都極為用心、專注地一邊聽講、一邊做筆記。

當我演講結束，即將離去之時，軍樂隊、旗隊的樂聲又再度嘹亮地響起，我也再度接受隊長的軍禮致敬！同時，張校長也送我一個「英挺的小軍人」！

哇，這個小軍人，英姿煥發，他穿著綠色的上衣、白色長褲，左手豎起大拇指，右手還拿著小喇叭；而且，他的長褲，燙得筆直。

這時，我把這張「小軍人的照片」投影在大螢幕上，滿場的聽眾們，不禁叫了出來——「好可愛哦！」

「你們看，這小軍人右胸前還貼著一個特製的名牌，上面寫著什麼？」我問大家。此時全場聽眾齊聲回答：「戴晨志！」

「你知道嗎，這小軍人的底座上，還寫著兩句話，大家一起把它念出來好不好？」我換了一張更清楚的投影片，大家也一起念——「晨光照耀人緣廣，志氣昂揚福遠長。」

我問大家：「各位親愛的朋友，如果接到這樣的禮物，你感不感動啊？」

「感動！」

「你覺得這位校長用不用心啊？」

「用心！」

「是的，這位校長真的很用心！所以，我曾在許多地方演講，也收過許多獎牌、錦旗，但是，只有這個小軍人，讓我特別感動，我也一直把它存放在我的辦公室裡。」我在演講時，真心與聽眾分享我的感動。

公開說話時，多稱讚肯定他人

這場台中的演講，互動很棒，也讓我十分開心。後來，演講之後的提問時間中，在聽眾席中半段、最旁邊有個男士舉手，站了起來。因人數太多，觀眾席光線暗暗的，我一時之間看不清楚他的臉孔。不過，這男士透過麥克風緩緩地說：「我想，我一講出我是誰時，大家一定會很驚訝！因為，我，就是剛才戴老師所講的那一位『陸軍高中校長』……」

「啊？——」果然，台下一片嘩然。我睜大眼睛一看，哇，真的，是好久不見的張校長，太令我意外了！

「我今天是專程開了一個半小時的車，帶我孩子來聽戴老師演講的；我萬萬沒想到，當年我歡迎戴老師的心意、送給戴老師的小軍人，竟然也成為戴老師激勵人心的篇章，讓我十分感動……」

張少將已經卸下了軍校校長職務，另有高就；可是他主動站起來說話，真是讓我嚇了一跳；因為，我真是沒想到，我演講中提到的人物，居然會靜靜地坐在一千多人的台下，聽我演講，而且，在台上的我，竟是渾然不知！

不過，還好，我沒說張校長的壞話，我只是稱讚他、感激他、懷念他的「用心與認真」！

回家後，我把這件事說給孩子聽，也告訴他們——

一、**多用心對待別人**：就像張校長用心、認真地用軍禮歡迎我，也製作了一個精美的小軍人，送給我當禮物；這份用心與真誠，別人都會感念在心啊！

二、**公開說話時，要多稱讚別人**：真的，我們永遠都不知道台下有誰在聽我們說話？但多稱讚別人，就一定能贏得友誼；常批評別人，就會招來敵人！

三、**要不斷學習、終身學習**：就像張校長，他是將軍，但他很謙卑、不驕傲，肯虛心學習，還開一個半小時的車來聽我演講，真是令人感動！

教導孩子多向專業者學習

「主動學習」是一個人成功的要素。沒有人一出生就會成功的，一定要虛心、用心地向專業者學習；而且不只是課業上的知識，許多課外的、休閒的、藝文的知識，也都值得成長中的孩子學習啊！

此外，若父母用心帶孩子旅行、參觀、聽演講……孩子就有機會學習，就能擴展自己的思惟。父母若不用心花時間陪伴孩子，孩子怎能感受到自己的幸福？父母要花時間，陪伴孩子讀故事書、陪孩子面對課業壓力、陪孩子接觸藝術文化。

父母不參與，孩子不快樂；父母多陪伴，孩子多幸福啊！

戴晨志先生 惠存

晨光照耀人緣廣

志氣昂揚福遠長

陸軍少將校長 張志範 敬贈

中華民國九十四年四月廿九日

前陸軍高中張校長致贈作者的小軍人禮物

教養小叮嚀

一、教導孩子「多欣賞別人的品牌與優點」。要在人生中建立自己的品牌，必須付出更多的辛苦努力。品牌，是一個「優點、強項與標竿」，也是「保證」。建立一個品牌很不容易，要永續經營自我品牌，更難。

二、人，要有品，才有牌。人生就是要向有品牌、有優點的人學習，也要讓自己成為一個有品牌的人。想要成為「品牌人物」，就是要投資自己、裝備自己、服務他人，才能創造出「自我人生品牌與價值」。

凡事都要正向思考

正向思考並不是單純的樂觀，而是在面對困難與挫折時，能夠有解決問題的勇氣與企圖心，並將問題重新思考、翻轉，也找出方法正面迎戰、積極挑戰！

學會3Q，轉念面對生活的挑戰

網路上流傳著一篇〈凡夫與佛陀的對話〉：

凡夫對佛陀說：「我希望能讓我所有的朋友永遠健康快樂！」

佛陀說：「可是，我只能給你『四天』哦！」

凡夫一聽，說：「好，四天，就是春天、夏天、秋天、冬天。」

佛陀回答：「噢，這樣太多了，我只能給你『三天』！」

凡夫想了一下，說道：「好，三天，就是昨天、今天、明天。」

哇，佛陀聽了，覺得還是太多了，就說：「不行，只能『兩天』。」

凡夫思索一下，回答說：「好吧，兩天，就是白天、黑天好了！」

這時，佛陀又覺得不妥，連忙改口說：「不行，就只有『一天』！」

凡夫開心地回答：「好，一天！」

佛陀再問：「哪一天呢？」

「就是……我所有朋友活著的每一天！」凡夫說道。

哈，太厲害了！佛陀笑著說：「以後，你所有朋友將會天天健康快樂！」

當然，人間都有悲苦、有歡樂，也不可能天天都健康快樂；「孩子賴床了、孩子在學校跟別人吵架了、孩子不小心受傷了、孩子被同學歧視了、孩子考試分數太差了……」一大堆的原因，都會讓父母生氣、抓狂，或對小孩子斥責、教訓了老半天。

而孩子呢？「在學校被同學欺負了、被同學排擠了、考試成績太差了、被老師誤會、受委屈了……」孩子心裡難過了一整天，一時想不開，想蹺家、想燒炭、想跳樓、想割腕。

父母抓狂、孩子苦悶，無處傾訴……唉，想要「天天健康快樂」，是何等不容易啊！

也因此，父母與孩子都必須學習「3Q」，好讓自己度過生活中的低潮，也勇敢面對生活中的挑戰：

一、**IQ（智力商數）**：努力學習、提升自己的聰明智商，讓自己的專業能力不斷提升、功課成績也不斷進步。

二、**EQ（情緒商數）**：學習控制自我情緒，不讓負面想法擾亂心情，別因一時的低潮、憤怒，做出讓自己悔恨不已的憾事。

三、**AQ（逆境商數）**：學習在逆境中，勇敢地戰勝挫敗。在求學、婚姻、家庭、職場上，若遇見瓶頸、難關，坦然地面對它、克服它，也讓自己的生命更加「樂活」，不被逆境與困難所擊倒！

當然，不僅是孩子需要學習「3Q」，父母也是一樣，必須具備有「3Q」的能力。當父母把孩子的「考試分數」當成一切時，孩子的壓力就會愈來愈重，吃飯時也難以下嚥，小小受創的心靈，甚至想用自殺以求解脫，這，可能就是校園與家庭悲劇的開始啊。

所以，幫助孩子過得「健康快樂」，是父母、老師的責任。

父母、老師就是孩子的「佛陀」，要努力、用心讓孩子健康、快樂、自信地成長——在「春天、夏天、秋天、冬天」，也在「昨天、今天、明天」，或是「白天、黑天」，甚至，就是在「孩子活著的每一天」啊！

好脾氣、好個性，勝過好成績

在西藏，有個名叫愛地巴的男生，每次和別人起衝突或生氣時，他就會不動聲色地跑回家，然後繞著房子跑三圈。跑完了，喘了息，他便繼續工作。

愛地巴很勤快、工作認真，所以擁有的土地愈來愈多；可是，每當他與別人發生爭執而動怒時，他依然繞著房子、土地跑三圈！而他的房子變多、土地變大了，當然繞著跑的時間，也愈來愈長。

後來，愛地巴年紀大了，一旦生氣時，他還是拄著枴杖，慢慢地繞著房子和土地跑三圈，跑完時，太陽已經下山了。愛地巴的小孫女問他：「爺爺，為什麼你一生氣時，就要跑房子、土地三圈？」

愛地巴說：「年輕時，一和別人生氣、吵架，我就繞著房子跑三圈，心裡想，我的房子這麼小，哪有時間和資格去跟別人生氣？……想到這裡，我的氣就消了，就趕快認真去工作。現在，我年紀大了，如果生氣時，我還是繞著房子、土地走三圈，心裡想，我的房子這麼大、土地這麼多，我還生氣什麼？我還跟別人計較什麼？……想到這裡，我就再也不生氣了！」

真的，**生氣沒有用，不如趕快沉住氣，去努力工作、積極實踐，才會有傲人的成績啊！**而當你做出漂亮的成績時，也不必太計較、太愛生氣，因為，你早已超越別人了！

別生氣，要懂得「正面思考」

人，要懂得不生氣，才會快樂！可是，父母常生氣，小孩也會抓狂！所以，有個兒子就當著父母的面大聲說道：「我們家，都沒有以『愛』相待，而是以『惡』相對！」父母一聽，當場全都傻眼。

的確，以惡相對，「全家」都會變成「不是我家」，氣氛一定會低盪到谷底。以愛相待，「全家」才是「我家」啊！

所以，**父母要以身作則，教導孩子多培養「正面思考」的能力，多看別人的好、多一點愛的鼓勵、多一點愛的關心，才會讓家庭充滿喜樂。**

不管春夏秋冬，不管今天明天，孩子啊，要記得——你都要活得自信、健康、快樂哦！

教養小叮嚀

一、「正向思考」可以透過後天學習，或從自我經驗慢慢累積而成；而父母的思考與行為，會對孩子帶來極大的影響。所以，遇到不高興、不舒服、令人生氣的事情時，與其先責怪人，不妨帶著孩子理性分析發生的原因、是否自己也有錯、有責任？並且學會——下一次若再遇到時，應該怎麼做？

二、心情憤怒的人，總是先把錯誤怪在別人身上；而理性正向的人，則是會分析雙方對錯的原因，並從中學習——以不同的思考方式、不同的心態、不同的方法來處理，將會帶來不同的結果。

勇敢承認自己的弱點

面對自己的弱點、缺點，不要逃避，反而要懂得「心念轉、觀念轉、命運轉」。不斷地激發生命的潛能，也把「弱點」轉變成「優點」，才會有傑出、傲人、耀眼的成績啊！

雙眼全盲的曠世奇人

過去，在大陸廣東省，曾有一個奇特的名人，名叫劉鴻志；他雖然七十多歲、年紀大了、頭髮白了，而且雙眼全盲將近一輩子，但是他講話中氣十足，聲如洪鐘，個性非常開朗！而且，他還通曉十多種「中西樂器」，也是一位教授「少林拳」的教練，同時，更是一位懸壺濟世的醫生！

哇，這麼厲害？一位雙眼看不見的人，怎麼可能「樣樣精通、文武雙全」？

其實，這不是吹牛、亂蓋的，而是千真萬確的事實。

劉鴻志老先生說，他生於一九三〇年，只念過兩年的私塾；在七歲時，他因為發高燒，讓他的兩個眼睛都失明、看不見，但也因此，他的聽覺變得非常靈敏，所有的學習，都靠著聽覺和觸覺來進行。

而劉鴻志的父親深怕他的眼睛瞎了以後，日子會很困苦潦倒，所以就開始教他月琴，希望他有一技之長，得以謀生餬口；可是，沒想到劉鴻志的音樂細胞很好、天賦極高，月琴一下子就學會了！後來，他又陸續學了琵琶、三弦、古琴等一、二十種「中國樂器」；十三歲時，父親的朋友又帶他到城市裡學習「西樂」，所以，當時小小年紀的他，就開始為一些粵曲名角兒伴奏。

至於劉鴻志的一身好功夫，也是他父親擔心失明的他會被壞人欺負，就帶他去學武功、健身；父親本來只希望他學個防身的簡單功夫，沒想到劉鴻志也是個學功夫的好料子，他透過聽覺，硬是學會了洪家拳、蔡家拳，也「聽會了」少林七十二種腳法、一百多種的拳腳功夫！後來，劉鴻志的二兒子要求跟父親學功夫，大家風聞他的好身手後，就有人登門拜師學藝，所以劉鴻志又成為「拳腳師父」。

雖然，劉鴻志年紀已高，但他卻還以行醫為樂，為病人把脈、抓藥、診斷！

有人問他：「你怎麼這麼厲害，還會中醫？……」

雙眼全盲的劉鴻志笑笑，然後以宏亮的嗓門說：「這也是我父親怕我眼睛瞎了，無法過日，所以就教我一些謀生技能……父愛造就了我的一切！」

人的一生，或順或逆，無法預料，但，有智慧的父親，懂得「**給他魚，不如教他釣魚**」的道理，把雙眼全盲的兒子，造就成「極為不凡的一生」，甚至，比明眼人更加光明、璀璨！

自己的路，自己勇敢走

每個人的生命，都有「又苦又長」的路要走，但要如何走，往哪裡走，完全看自己的「態度與智慧」。

知名模特兒王曉書小姐，是一位聽障人士，從小就經常被嘲笑、欺負、排擠；但，她從未被挫折打倒，反而以一句座右銘「生氣不如爭氣」來鼓勵自己。

王曉書小姐曾說：「**我不是不幸，我只是不便！**」

這句話，真是令我非常感動！很多人遭到挫折，或不如人時，就唉聲嘆氣、怨聲載道，甚至自甘墮落；但有些人則是自立自強，比別人花十倍、二十倍的功夫努力，不斷上進，因為，他們知道——「**我沒有失敗的條件，我要更努力，才能闖出一片天**」啊！

有個媽媽，過年時帶著念幼稚園的小兒子到廟裡燒香拜佛，祈求全家平安、事業順利、小孩功課進步……

當媽媽和一大堆人虔誠地拜拜時，小兒子突然問說：「媽，那麼多人都在拜拜，但是神明只有兩個眼睛、兩個耳朵，他怎麼聽得到每個人拜求什麼？」

當媽媽正在思考如何回答這個問題時，這兒子似有所領悟地說道：「我知道了，其實，拜拜只是把自己的願望說出來而已，自己的事，還是要靠自己努力去做，對不對？」

的確，「自己的事，自己做」、「自己的路，自己走」，「天助，真的不如自助」啊！

所謂「山不轉，路轉；路不轉，人轉！」遇困難時，人要懂得「心念轉」、「觀念轉」，不斷地激發生命的潛能，才會有傑出、傲人的成績啊！

因此，「**學習，是一輩子不能停止的事！**」

就像本文中的劉鴻志老先生一樣，雖然一生「眼盲」，卻學會了十八般武藝與技能，使他的生命更加豐盛。

而且，只要我們願意，生命的玫瑰仍可以一樣美麗綻放，因為──「**承認自己弱點的人，就是最強的人！**」

教養小叮嚀

一、每個孩子都有自己的長處與短處，但很多父母都容易把注意力放在孩子的缺點、過度重視改正孩子的行為，往往卻在無意間打擊了孩子的自信心。父母要——「多欣賞孩子的優點，少盯看著孩子的缺點。」

二、推廣「**優勢本位教養**」（Strength-Based Parenting）的澳洲墨爾本大學心理學教授莉．沃特斯（Lea Waters）博士認為——父母應該「將注意力轉至孩子的優勢」，培養出孩子的「強項」，才能讓孩子能夠找到「自我價值」。因為，每個孩子都是需要「被肯定、讚美與鼓勵的」。

Chapter 3

解決問題的執行力

面對問題，就靠行動！

讓孩子學會「獨立思考」、「自我管理」，

用心對待每一件事。

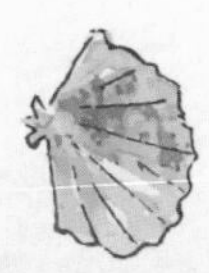

用心做好每一件事

專心做好一件事，才能慢慢成就大事！讓孩子學會「認真對待每一件事」，把關細節、掌握機會；真的，「認真態度，才會帶來進步！」

她在手掌、手腕上寫筆記

多年前，經由中國時報的安排，我在台北、台中、高雄三地，分別以「教孩子贏在作文」為主題，與聽眾朋友們分享我的寫作經驗。而在高雄社教館的場次，竟然來了上千名聽眾；許多父母都帶著孩子前來聽講，因為在現今社會，「作文」這項能力，愈來愈受到重視了。

在演講過後的簽書會中，有工作人員發現，一名國小高年級女生的手上，竟然寫了密密麻麻的字跡！她的手上寫了什麼呢？原來是她來聽演講，有帶筆，卻沒有帶紙，她很懊惱；可是，戴老師的演講裡有許多重點、也有各種名言，不記下來十分可惜啊！

怎麼辦呢？她想了一個好辦法——用筆，在自己的手掌和手腕上，寫下演講重點。

您看看，她小小的手掌上寫了什麼？

「you can not be No.1 in everything, but you must be No.1 in something.」

「外國汽車——歪哥起剉（ㄘㄨㄚˋ；台語）。」

「小題大作；讓眼睛刺激、腦袋刺激；打開心窗。」

「別讓很好的故事，卡在喉嚨裡。」

「拓寬生活圈，擴充寫作題材。」

「辛苦過後，必有『幸福』來臨。（辛→幸）」

「超越的秘訣，在於開始。」

「坐下、靜心、提筆。」

「作文是用寫的，不是用想的。」

「光說不練，是大忌。」

「與其碎碎念，不如用心寫。」

看到這小女孩一雙認真、用心的「手」，我真是十分感動！

我相信，她的心情，也是快樂的！因為，即使她忘了帶紙，可是，她勇敢地為自己「創造機會」；她記下了一些對她有幫助的話語，也鼓勵自己──「**抓住任何可能的機會，絕不放過！**」

以前，我也曾在某些場合中忘了帶紙，可是，**當我聽到一些好話、好觀念時，我會拿起「餐巾紙」、「衛生紙」，或身上的「統一發票」來記錄**。只要有心，任何紙，都可以拿來寫；即使沒有紙，就像那個小女孩，「手掌、手腕」也都可以寫。

所以，「**心不難，事就不難！**」

只要有心做、願意做，就一定能克服困難，完成想做的事。

培養孩子的「學習力」與「專注力」

一個人的「學習力」與「專注力」，是邁向成功的必備條件。

根據一項針對亞洲八個國家及地區，共三千多名、十五歲至二十二歲青少年進行的自我評量發現，台灣學生的專注力，落後於泰國、菲律賓和中國大陸。只有八％的台灣青少年自認在上課學習時，能保持專注力；但在投入校外活動、社交活動或個人休閒時，則有五十％以上的台灣學生，自認能保持專注力。這顯示台灣學生經常是——「上課一條蟲，下課一條龍。」

在手心、手腕上寫筆記，只是一件小事，但它卻顯示了孩子在學習時的「專注力」；同時，也顯示了「**習慣行為的影響力**」。

只要用心，幸福真的存在

你相信幸福真的存在嗎？是的，只要努力、只要認真、只要用心，幸福就會真的

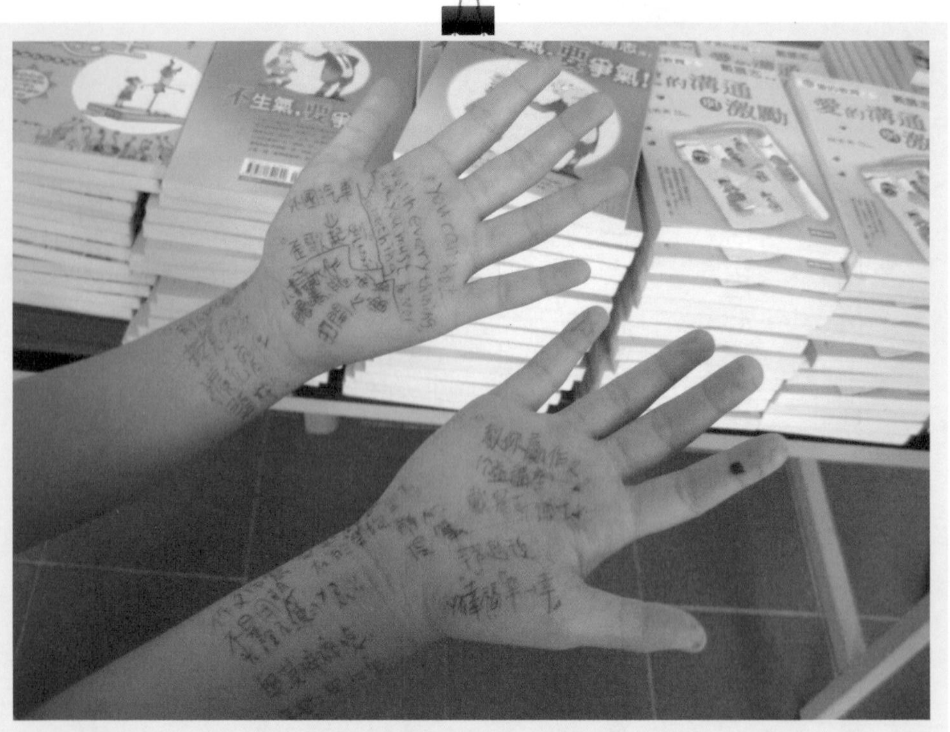

來聽作者演講的小女生，將筆記寫在手上。

存在！

當我看見小女孩的「手心、手腕筆記」時，我相信，她當下一定覺得，自己是「幸福、快樂、喜悅的」；因為，她用她的行動，來製造出自己「學習、快樂的幸福感」！

其實，人生快樂的幸福感，必須由自己去創造；父母有責任教導孩子，用心地以具體行動，來創造「自我的快樂幸福感」。所以——

「認真態度，帶來進步！」

「專心做好每一件事，才能成就大事！」

教養小叮嚀

一、有句話說：「態度決定高度」、「態度決定一切」。但，認真的態度並不是無中生有，而是「從日常生活的教養開始」。父母可適時讓孩子參與家務，明確引導孩子應負責的工作、培養孩子負責任的態度，以及讓自己進步的好習慣。

二、只有聽，是沒有什麼印象的。聽到了、寫下來、記下來，有一天，能「用出來」、「說出來」，才是屬於自己的智慧。所以，指導孩子「學習力」、「專注力」，也用筆，把聽到的大致內容「寫下來」，對孩子而言，是「用力、用心」的表現，也會讓孩子更加進步。

面對挑戰，主動出擊

若是真心疼愛孩子，就必須培養他有「主動學習」、「主動覓食」、「主動出擊」的能力。

父母太過於溺愛孩子，就會親手切斷孩子主動學習的機會。

孩子，爸爸喜歡你舉手的樣子！

親愛的孩子，今天爸爸在辦公室，比較晚回家；到家後，你們都已睡覺了。剛才，你打電話問我：「爸爸，你什麼時候回來？我要念報紙給你聽耶！」以前，你也曾經打電話問我：「爸爸，你什麼時候回來？我要練習即席演講給你聽耶！」

德德，聽到你講這些話，我好開心，因為你是個很懂事、愛學習的孩子。

學校老師說，上課問問題時，你都會主動舉手，要求回答；週末時，媽媽帶你和妹妹去故事屋聽故事時，你也都會舉手表達意見；有時，帶你們去遊樂場玩時，主持人拋出問題、請大家搶答，你也經常會主動舉手。

德德，爸爸喜歡你舉手的樣子！

你知道嗎，一個人會舉手，表示他是自信的、勇敢的、胸有成竹的！人，不能畏縮，必須勇敢表達，把知道的答案說出來；或是在不知道時，勇敢地舉手來發問。

真的，爸爸喜歡你和妹妹舉手的樣子；那樣子，十分可愛！

舉手，表示「為自己創造機會」！

我們一生中的「機會」，並不是天上自動掉下來的，而是必須主動爭取的。

舉手，是個動作、是種態度，也是積極爭取的行動。一個人只要敢舉手、敢表達、敢為自己創造機會，那麼，好運就會發生在我們身上！

「舉手」是主動創造機會的好習慣

你記不記得，有一次你在遊樂場跟一群小朋友搶答，你舉手很快，而且答對了，就得到一瓶沐浴乳，你好高興！而在教室上課時，老師出了一道謎題——「掌中戲」，猜一個地名，你很快就舉手回答：「布袋！」答對了！你很開心，因為全班只有你一個人答對；而布袋港，我們全家曾經去玩過，你一定還記得。

所以，**舉手、發言是個「好習慣」，好習慣常會讓一個人成功**。也有一句話說：「命好，不如習慣好！」自信地舉手，就會改變自己，也讓自己一步步地向前邁進。

「主動發問、勇敢回答」，孩子，爸爸真的喜歡你舉手的樣子啊！

愛他，必須讓他學會堅強

我曾經帶兒子、女兒到美國大峽谷去旅行，在大峽谷國家公園的道路上，看見路邊豎立著警示牌：「餵食或接近野生動物都是非法的。」（It Is Illegal To Feed Or Approach Wildlife）。因為，遊客若經常餵食野生動物，不管是小松鼠、小鴿子、野鹿、野羌等等，這些動物就會習慣被人餵養，而失去主動覓食的能力！

當野生動物失去自己找食物吃的能力時，寒冬一來，沒有遊客，牠們可能就會餓死！這就是——「愛牠，變成害牠」最明顯的寫照。

父母對孩子也是一樣，**愛他，就必須培養他有「主動覓食」的能力。**

愛他，不能什麼事都幫他做好、不能讓他成為「溫室裡的花朵」。

愛他，不能怕他受傷、怕他辛苦、怕他曬太陽、怕他疲累、怕他跌倒……

愛他，就必須讓他「學會堅強」、「學會主動出擊」、「學會用自信扭轉逆境」、「學習自我承擔責任」。

愛他，必須讓他學會主動出擊

就像小松鼠、小鴿子、野鹿一樣，想要吃食物，就必須自己出去覓食，找不到，就要自己餓肚子，遊客是不准餵你食物的；父母也不能一直溺愛孩子、一輩子照顧孩子！所以——

溫室的花朵，必須學會堅強：鼓勵孩子主動發問、主動搶答、主動發表意見、主動創造機會。

愛他，不要害他：父母不要太過於溺愛，而阻斷孩子主動學習的機會。

教導孩子勇於承擔、自我負責：讓孩子在失敗中求取經驗，也讓孩子證明自己的能力，而成為一隻懂得「主動覓食」的小松鼠、小鴿子。

教養小叮嚀

一、有時候父母不放心，總是會事事替孩子代勞，孩子自然就會依賴父母。所以，父母可以依照孩子年齡，安排不同的訓練；例如收拾玩具、把書擺放整齊，但請記得，指令要明確、具體，孩子才能理解，不要一下子安排一連串的任務，結果孩子只記得其中一項，父母生氣孩子沒做好，孩子也無法從中獲得成就感。

二、父母在與孩子的對話中，與其告訴孩子什麼不能做，不妨改成「提醒他們該怎麼做」，對孩子來說，會是更具體、明確，也會更好理解。

學會獨立，一個人也不怕

教孩子「獨利」，不如教他「獨立」；給他財富，不如教他學會技能！可以多給予孩子責任和期許，讓孩子勇於承擔、使命必達！

適度的放手，讓孩子去感受和體會

每當我們全家出遊時，總會碰到一些情侶、或是一些遊客，要求代為幫忙拍照；此時，我太太就會不好意思地說：「對不起，我拍得不好，我叫我女兒幫你們拍，她拍得比我好，她很會拍照！」

對方一聽，傻愣住了，心裡一定在想——「啊？……叫妳女兒拍？個子那麼小的小女生，她會拍嗎？」

可是，當對方看到我女兒脖子上掛著一台「單眼、長鏡頭相機」時，不禁嚇一跳，也馬上改變想法——「好吧，就請妳女兒幫我們拍。」

女兒拿起對方的傻瓜相機，「喀嚓」一下，拍好了。對方拿回相機，倒片看一下，說道——「嗯，拍得還不錯，小妹妹，妳拍得很棒，謝謝！」

這時，小女兒臉上也露出得意、興奮的微笑。

放手讓孩子嘗試，找到專屬技能

柔柔的個子不高，據說，小學時是全班「倒數第二高」的孩子；她外表很可愛，像是小娃娃一樣，經常撒嬌，說話聲音也常嗲聲嗲氣的。可是，她除了「很愛唱歌」之外，就是喜歡「拍照」。

有一次，全家出遊在外，她和哥哥之間有些小彆扭，生氣了，嘟著小嘴不說話；我為了化解危機，就把手上的單眼相機拿給她，對她說：「來，柔柔，妳來幫爸爸拍照！」

沒想到，這麼一拍，柔柔「拍出興趣來了」！她不再生氣、不再嘟嘴；她興高采烈地，到處拍照。

剛開始，她拍什麼呢？她個子矮，所以拿起相機，就頑皮地專門拍「不認識遊客的屁股」。她好高興，也拍爸爸、媽媽、哥哥的屁股！

哥哥看到妹妹拍得那麼高興，也去搶單眼相機，學著拍別人的屁股。他們本來是在鬥嘴的，沒想到一拍起照片，興奮極了，也不再吵了！

當然，亂拍別人的屁股，最後還是全部被我「刪除」掉了，可是，他們卻拍出興趣來；尤其是小女兒，她取景的技術愈來愈好，我很多看起來很帥的照片，都是她拍出來的，真的很棒！

後來，我又買了另一台單眼相機，也裝上「長鏡頭」，可以在遠處拍鳥、小猴子、大象、老鷹、鱷魚……在動物園裡，她拍得快樂極了！

很多遊客看到柔柔矮小的身子，脖子上卻掛著「長鏡頭、單眼相機」，經常會會心一笑；尤其是當她拿起相機、拉長鏡頭，專注地取景拍攝時，真是有「小大人」的攝影架勢。

以前，我會擔心，柔柔會不會把這麼貴的相機「玩壞了」？可是，我教她要小心，相機要隨時掛在脖子上，免得掉落，同時也教她簡單的按鍵功能。柔柔很聰明，玩一下子，就立刻上手了！

後來，柔柔對拍照有濃厚興趣，暑假時，我們除了要送她去上「兒童歌唱班」，也計劃送她去上「兒童數位攝影班」，讓她好好發揮她攝影小天才的潛力。

「恐懼」，常阻擋住一個人學習的動力

像我，笨手笨腳的，對「跳舞」有恐懼症，所以一輩子不會跳舞。

人，對於不熟悉的事物，常會有恐懼感；而父母對於孩子的學習，也常擔心是不是會破壞器材，而阻止孩子學習。

可是，「多讓子女動動手」吧！教他，他就會珍惜、愛惜，也會認真學習。

所以，妹妹雖然功課沒有哥哥那麼棒，可是，她愛唱歌、愛攝影，以後說不定會成為「歌唱家」、「攝影家」哦！

每個小孩都玩過「捏陶土」的遊戲，先捏出個身體，再捏個頭、捏兩隻手、兩隻腳，再針對細部捏出眼睛、鼻子、嘴巴……想要怎麼捏，就用心捏，捏塑出一個小泥人、小陶人來。

每個人的人生，就像是「陶土人生」，父母在孩子成長的可塑期，必須用心地栽培他、灌溉他、雕塑他，讓孩子長大後，自己能流出「驕傲、欣慰的眼淚」，而不是流出「悔恨、悲傷的眼淚」。

所以，**教孩子「獨利」，不如教他「獨立」；給他財富，不如教他學會多種技能。**

給予信任　讓孩子放膽做

孩子需要「被信任」，所以當孩子被委以重任之後，就會很有衝勁、有責任感，也會很樂意「使命必達」。譬如說：「這照相的任務就交給你囉！」「出門時，背背包、水壺的責任就交給你囉！」「打掃浴室的工作就交給你囉！」**給予責任、給予期許、給予鼓勵，都能培養出獨立自主的孩子，也讓孩子勇於承擔。**

每個孩子都有「感受」和「體會」的權利，父母只要在旁陪伴、觀察、守護、指導，都可以讓孩子體驗到新事物。例如，放手讓孩子學習買車票、書籍；放手讓孩子自設鬧鐘起床、自訂寒暑假的生活作息；放手讓孩子學習拍攝生活照片、影片、製作作業。讓孩子大膽嘗試，並從中得到獨屬自己的獨特體驗。

教養小叮嚀

一、父母放手讓孩子勇於嘗試，並肯定、鼓勵他：「你自己做得到！」孩子就能學會獨立自主、快樂成長！

二、幼兒期的孩子，常會將情感投射到父母身上，此時父母的反應及互動，將是影響孩子性格的關鍵。例如「權威式教育」會使得孩子優先聽從他人安排，「過度保護」也會養成孩子依賴的習慣，這些都不利於孩子的獨立。父母可以給予孩子目標與信任，放心讓孩子大膽去做、去完成，也學習「獨立與自信的成長」。

管理自己的自律力

懂得自律的人，先苦後甘、倒吃甘蔗、漸入佳境。
缺少自律的人，及時行樂、玩樂在先、焦急在後，終會心生懊悔。

凡事提早開始，就提早結束！

一個星期天下午，我們全家四人前往新北市八里區的「十三行博物館」參觀，因為小女兒說，社會課本上有教到「十三行博物館」；而且老師說，只要到那兒參觀，拍拍照片，回來也寫一些參觀心得，社會科就可以加分。

當天，風和日麗，沒什麼塞車，我們很開心地到達「十三行博物館」，也入內參觀，看看在那裡挖掘出土的史前遺址文物，也看看模擬的古人生活和用具、器皿……

而後，兒子和女兒在博物館外面，騎玩具馬，也租了一輛四人座腳踏車，全家四人坐在上頭，踩踏著車子，一起觀賞夕陽餘暉，也吹著清涼的海風。

當我們結束半天行程，踏上歸途時，小女兒竟然在車子後座哭了起來！

「柔柔，妳哭什麼？爸爸帶妳去吃牛排，我們就回家啦！」我一邊開車，一邊回頭看著哭得傷心的女兒。

「我……我的……功課……還……還沒有做完！」小女兒斷續地哭泣說道：「我……我怕……我的作業……寫不完！」

原來，女兒心裡還惦記著她尚未寫完的功課。我說：「不然，我們不去吃牛排，就直接回家吃飯、寫作業好了！」

「可是，我很想吃牛排啊！」此時，女兒的小臉上掛著兩串淚珠。

「柔柔就是不乖啦，作業都不趕快寫完，老是一直拖，拖到沒時間寫了，才在那裡哭……哭、哭、哭，哭有什麼用？」坐在一旁的兒子大聲說：「妳看，星期五晚上放學回家，我半個多小時，就把功課全部都寫完了。可是妳就是愛玩、不聽話，叫妳寫功課，妳還在那裡玩烏龜，還玩黃金鼠，又要看電視……我在玩 Wii 時，妳也要玩……現在快沒時間了，再來哭哭啼啼的，有什麼用？」

兒子用大哥的口吻，教訓起妹妹來了！

兒子說的，一點都沒錯！**該做的事情不提早做，一直拖拉、延遲，到最後，一定會心急如焚、手忙腳亂。**

其實，兒子德德從小就有個好習慣——「放學一回家，就趕快把功課做完，才吃飯、才玩其他遊戲！」甚至，他把一大部分的功課，在學校的下課時間就開始先寫，所以回到家，功課就少掉了一大半。

養成「自律」習慣　學會自我管理

德德是個「自律性」很強的孩子，他愛看書，每天看得如癡如醉；叫他吃飯了，他還捧著書一直看；叫他睡覺了，他還拿著書直說：「再給我看兩分鐘！」而寫作業更是自動自發，從來不用爸媽操心，一回家，放下書包就開始寫。

真的，**「凡事提早開始，就提早結束！」**

早一點開始寫功課，就早一點寫完；拖拉、不趕快寫功課，功課就會拖到最後，寫不完。

古人說：「**凡事起頭難**」、「**自古成功靠勉強**」。

寫功課，就是要「一鼓作氣」，不要拖延，要即知即行，要勉強自己去做——「提早開始，提早結束！」

所以，父母要教給孩子什麼？——教他「自律」。

自律，是自我要求、自我規律，也是一個好習慣。

「自律」的好習慣，是一個人成功的特質。當然，所有的好習慣，都是從「不習慣」開始的！

懂得自律的人，是先苦後甘、倒吃甘蔗、漸入佳境；相反地，缺少自律的人，則是「及時行樂派」，玩樂在先、焦急在後，等到事情迫在眉睫時，就會心生焦慮、懊悔不已……不是嗎？

培養好習慣　就能改變生活

《HD（Habitual Domain）：習慣領域》一書中提到，HD有如電腦軟體一般，功能愈好、愈強，愈能發揮出威力；HD習慣領域好的人，懂得隨時抓住機會學習，就能睿智豁達、解決問題、創造佳績；HD習慣領域不好的人，則會因壞習慣的惡性循環，績效不佳，而招來壞運。

成功的人生，就是由許多好習慣所築成的，不是嗎？

所以，「不怕慢、只怕站！」

父母可以告訴孩子——**「好習慣」都是由不習慣開始的**。

只要養成「造就自己、成長自己」的好習慣，就會讓自己愈來愈進步、愈快樂！

培養孩子正確的價值觀

每個孩子都是父母的寶貝，所以，教導孩子在一生中建立「正確的價值觀」，是很重要的。當然，價值觀是很抽象的，價值觀也有千萬種，不過，大致上來說，就是必須教導孩子正確的處事態度。

很多人遇見問題時，總是希望找人幫忙解決，卻忘了問題，就是出在自己身上。比如：遲到、延誤或耽擱事情。

所以，古人說：「**靠山山倒，靠人人跑，靠自己最好。**」與其傷心、難過、哭泣，不如改變自己的做事態度，同時，求人不如求己。

發生問題、遇見困難時，生氣、難過是沒有用的，趕快找出問題的癥結，立刻積極解決，做出補救的措施與績效，那才是最有EQ智慧的孩子。

「**哭泣，於事無補；生氣，只是讓心情更糟糕。**」只有爭氣，才能克服困境、鍛鍊出堅強的意志力。

教養小叮嚀

一、我們講「目標」，經常以為是很遙遠的，但那是「遠程目標」；可是，在日常生活中，「目標與計畫」可以是近程的。譬如說：「我今天的目標和計畫，是把功課做完，並且看完一本書。」目標要具體，而且可以檢驗，就會比較容易實踐。而習慣的養成也是如此，要從小的目標開始，一下子定太大的目標，反而會讓孩子很難達成。

二、一個孩子，若會「自我要求」，隨時「盯住自我目標」，也會「凡事反求諸己」，也懂得「不生氣、要爭氣」，這樣的孩子，就真是太讓父母高興了！

管理時間，把握每分每秒

有人沉迷網路、有人沉迷電動遊戲，有人沉迷電視節目、有人沉迷交友……家長有責任約束孩子，為他把關，才不會變成「可憐的迷網族」啊！

別因過度沉迷，而浪費寶貴時間

女兒柔柔從小就比哥哥有「音感」和「節奏感」，也喜歡彈鋼琴；不過，練了一兩年後她就放棄了，因為我和內人都不會彈琴，平時無法教導她，所以也沒指望她將來成為鋼琴家。

然而，柔柔還是喜歡唱歌。每天上下學、或是全家出遊時，她都喜歡跟著CD裡的歌曲，大聲地哼唱。也因此，柔柔愛上了「超級星光大道」和「超級偶像」的電視歌唱選秀節目。

每個星期，她總是等待著看楊宗緯、林宥嘉、梁文音、葉瑋庭等一大堆人唱歌；後來，又是張芸京、黃文星、林宗興、江明娟、王雅婷等等，一關又一關、一星期又一星期的歌唱比賽。

這些節目，一播就是兩個小時以上，而且又是在深夜時刻播出，看完節目，已經是凌晨十二點多了！天哪，每個星期都是如此，柔柔上癮了、入迷了；她不僅對歌唱選手的名字瞭若指掌，連評審老師的名字也都如數家珍……

逐漸地，柔柔愛上了「星光」和「超偶」，同時，她的功課也退步了。

於是，家中太座發出了命令——「全家都不准再看『星光』與『超偶』！那是什麼節目嘛，哪有歌唱比賽一拖就拖七個月的？而且，中途被淘汰出局的人，還可以改變比賽規則，讓他們什麼『敗部復活』，又重新回來比賽！

看看亞洲盃棒球賽、籃球賽，一不小心輸了，就輸了；奧運田徑比賽，輸〇．一秒，就輸了，哪裡可以重新改規則，讓輸掉的人重新回來比賽，再拿冠軍的？算了，都不要看了，免得太沉迷、太浪費時間，沒意義……」

太座一聲令下，兒子和女兒也很乖，都不看了！

說來也奇怪，不看「星光」和「超偶」，好像也不會死、不會很痛苦；反正還可以看書、看其他電視節目，或是玩Wii、玩樂高積木……

掌握「適當休閒」與「過度沉迷」的平衡

一個人，最怕對沒意義的事「入迷、著迷、沉迷」，而浪費寶貴的時間。

有些孩子，沉迷於電動玩具、線上遊戲，而荒廢了功課，父母叫他吃飯他不吃，功課也不做；視力變弱了，功課變差了，身體也搞壞了……

也有孩子或媽媽，全家一起租偶像劇、韓劇「大長今」、日劇「阿信」，或是「咖啡王子一號店」；一租就是二、三十集的DVD，全家一起看，看到天亮，看到眼睛充滿血絲……

另外，也有人為了「追星」，瘋狂地跑到機場、酒店去看明星，也在那兒猛拍照、大吼大叫，甚至在看到偶像時，莫名其妙地驚聲尖叫、喜極而泣！

過度著迷、沉迷，總是不好，不論是沉迷電玩、沉迷酒色、沉迷賭博、沉迷電視或沉迷追星。不久前，就有大陸女孩瘋狂地到處追看劉德華，最後傾家蕩產，連父親都被氣死了！這女孩，原本沉迷不悟，後來，她夢醒了，心也碎了！

當然，看歌唱節目沒什麼不好，但若入迷了、沉迷了、耽誤功課了，父母就必須為孩子「把關」，選看適合的電視節目。畢竟，能增進孩子益智的節目很多，若經常玩電動、看連續劇或歌唱節目，而沉迷其中，只會侷限孩子的視野，或阻礙他學習進步的動力啊！

教養小叮嚀

一、現在的孩子，迷戀網路過深，導致所謂的「四不現象」──「晚上不睡覺、假日不外出、無網不快樂、法律安全知識不足」；這種現象也造成了青少年學習不專心、流連網咖，或是因網路交友失財、失身的危險。

二、家長有責任約束孩子，不要沉迷於網路，而要懂得自我規劃時間，做一些有益身心健康的活動，才不會成為身體差、視力差、功課不好、脾氣怪的「可憐迷網族」。

培養專業能力，學會獨立思考

籃球大帝麥可．喬登，他光頭沒有頭髮，只有專業；他選擇「理光頭、下決心、勤練球」，也打出令人佩服的神技與成績！

髮型不重要，實力才是最重要！

兒子、女兒在念小學時，有比較特別的兩件小事是，他們「從未喝過汽水、可樂」，也「從未進過理髮店」。

未喝過汽水、可樂，是因內人從小就告訴他們：「爸爸常喝的那些汽水和可樂，很難喝、辣辣的，喝了對身體不好，會變胖……」也因此，兒子和女兒從來就沒喝過汽水、可樂。

至於，沒去過理髮店，那是因為兒子、女兒從出生到現在，都是我在幫他們剪頭髮。您相不相信，在我們家，我是個「快樂理髮師」，有時連我太太的頭髮，也都是我幫她剪的。

或許您正在懷疑——「怎麼可能？連太太的頭髮，也是戴老師剪的？那……豈不是很難看，師母怎麼敢出門？」

哈，雖然我不是剪頭髮高手，但，剪頭髮並不會太難。兒子、女兒從小就很乖，願意坐在小凳子上，讓我幫他們剪頭髮；太太更乖，她不會像孩子一樣，扭來動去，所以不必多久就剪好了。您知道嗎，岳父、岳母看過她的髮型都稱讚有加，絕不會認為「那是狗啃的」。

其實，幫孩子剪頭髮，是一項愉快的「親子活動」！

孩子幼小時，頭髮少、也很細，摸起來很舒服。慢慢地，孩子的頭髮愈來愈多、愈密，也稍粗了，但那是成長的喜悅。我買了一把「高級剪刀」和「打薄剪刀」，也買了一條理髮用的圍巾；所以，平常要剪頭髮很簡單，兒子就坐在小凳子上，看著電視卡通，我也坐在小椅子上，手握剪刀，細心地為兒子修剪。

當然，我不是手藝純熟的理髮師傅，我只希望，享受和孩子相處的時光。他，是那麼信任我的手藝，也不必跑到外面理髮店，在家舒服地看著電視、理頭髮，理完後，就可以馬上舒服地洗頭、沖熱水澡，很棒啊！而且，到學校去時，也從來沒有人說他頭髮難看，也是滿有型、滿好看的啊！

不久前，太太又買了一把電動理髮刀，可以把兒子後腦勺的頭髮剃高、剃短一些；可是，兒子一邊剃、一邊咯咯笑，因為他很怕癢！電動刀細微地震動著，可是他就是又癢、又縮頭，一直笑個不停。

年輕時，我到美國留學，在美國理頭髮很貴，所以留學生都是彼此剪頭髮、好省點錢；雖然是有點醜醜的，但，難看一點又有什麼關係？功課完成了、學位拿到了，才是最重要的！

後來，我就學會了「自己剪頭髮」。您相信嗎？有時候，當我覺得頭髮太長時，就面對著鏡子，自己修剪。後腦勺呢？後面的頭髮，我就左手拿個鏡子，對著前面的鏡子照，然後右手拿剪刀打薄、剪短，沒有什麼不可能！

培養專業能力，才能有立足的餘力

以前，我很在意自己的髮型，但近十年來，我覺得髮型已經沒有那麼重要了！因為，我不用上班、不用上電視，不用經常拋頭露臉，我的工作是寫作、演講；只要我的文章寫得還可以，讀者買書時，絕不會考慮我的頭髮好不好看？別人邀請我演講，也都是因為「口碑、介紹」，絕不會考慮我的髮型酷不酷、炫不炫？

過去，我常告訴兒子——「**一個人的實力、才華和職場能力，才是最重要的！**」看看籃球大帝麥可·喬登，他為了方便打籃球，理了個大光頭，在籃球場上，忽而灌籃、忽而空中挺腰神射、忽而妙傳助攻、忽而空中換手切入。他神乎其技的功夫，讓全世界的球迷驚嘆不已！但，他是光頭，他沒有頭髮，他只有專業、只有實力，只有令人佩服的神技！而且，籃球場上也有愈來愈多的選手，選擇「理光頭、下決心、勤練球」，打出更好的成績。

真的，「**有實力，最神氣！**」

一個人，只要自己有「專業」，就不會「失業」！我們不要為三千髮絲而自尋煩惱，而是應該要為自己實力不足、能力不夠而煩惱，才是啊！

孩子被愛、被尊重，就會有同理心

「剪頭髮」是我和孩子的專屬時光，培養我跟孩子的感情，但我也很常聽到很多父母都會感慨、難過地說：「我的孩子跟我都不親！」

為什麼？因為孩子怕他，一看到父母，就會故意閃躲。

「孩子為什麼會躲你？」這是父母應該思考的問題。

其實，孩子渴望「被愛」，也渴望「被尊重」，可是，有時父母很嚴厲，孩子深怕被斥責，所以關係就慢慢變疏離了，有問題也不敢找父母商量。

俗話說：「金窩、銀窩，比不上自己的土窩。」

構成溫暖家庭的條件，不是「物質豐富」，而是「心靈慰藉」。給孩子一個有快樂、有笑容、有溫馨、有關心的家，孩子自然就會喜歡家、喜歡父母。所以——

「當孩子被尊重之後，就學會尊重別人。

當孩子被關愛之後，就懂得關愛別人。」

孩子有了被尊重、被關愛的心，就會有同理心；有了同理心，將來父母就不用太操心了！

教養小叮嚀

一、「因為愛，心更軟！」父母真心的相伴、真情地互動，就會讓親子關係「免於緊張、抓狂」；而且，在充滿愛與溫暖的溝通中，孩子會學習「獨立思考」，也學習到父母教導的正向價值觀。

二、「善待孩子、疼惜孩子、尊重孩子」，用眼神、用微笑、用掌聲、用行動，傳遞溫暖，孩子一定就會在滿滿的愛中，快樂地學習與成長！

Chapter 4

來自家庭的支援力

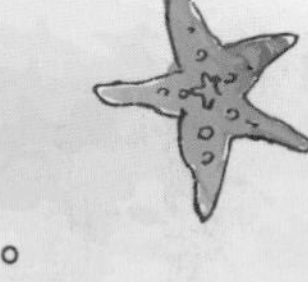

擁抱孩子，給予包容與關懷。

家庭是最強大的後援會，

讓孩子能夠勇敢向前行！

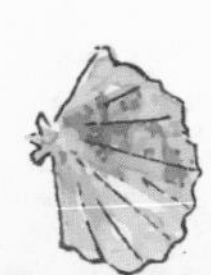

父母要做孩子最好的啦啦隊

要培養一個「不怕失敗」的孩子，鼓勵他勇敢挑戰；畢竟，勇敢出擊，不一定就會戰勝，但不出擊，就一定會落敗啊！不論戰勝或戰敗，父母永遠是孩子生命中最強大的「啦啦隊與後援會」！

別怕失敗　鼓勵孩子勇敢挑戰

我的辦公室裡，有一個杯子，是我用來喝牛奶、喝茶用的；它，很特別，因為這杯子上有一幅「雲霄飛車」的圖畫。

這幅畫，是我兒子在念幼稚園時，所畫的一幅畫。當時，兒子根據自己去遊樂園的記憶，畫出了這幅畫，也寄到國泰人壽去參加「全國兒童繪畫比賽」；沒想到，兒子的畫受到評審的青睞，被評選為「全台灣第二名」。

在頒獎典禮上，兒子上台領獎，電視台記者也來採訪，而且居然挑中了兒子來訪問。當然，念幼稚園的兒子講不出什麼流暢的話；但，最令人興奮的是，主辦單位所贈送的獎牌上，鑲著兒子「雲霄飛車」的畫作，而且，畫作也被印在白色杯子上，作為永久的紀念。

其實，兒子也曾參加郵政總局所舉辦的兒童繪畫比賽，他的水果水彩畫得到佳作，主辦單位也把他的作品製成「郵票」，讓孩子留下美麗的回憶。

念小三的兒子也曾主動說，他要參加聯合報主辦的「兒童作文比賽」。他在學校的作文成績，經常是全班最好的，作品也常被刊登在校刊上；可是，在參加完校外的作文比賽後，音訊全無，連個佳作都沒有。

心情難過嗎？……一定是會有的！

可是，敢上場比賽，就已經很棒了，不是嗎？

參加任何比賽，都是需要「信心與勇氣」的！不管參賽後的名次是好是壞，都沒有關係，重點是：參加比賽前，要構思、要準備、要畫出作品、要等待……得獎了，享受歡喜和榮耀的掌聲；沒得獎、落敗了，也要學習接受小挫折帶來的難過。

但，這一切，都是人生的學習和成長；未得名，也是一項美好的過程和經驗啊！

人生的價值，不在於「屢屢得獎」，或是當個「永遠的贏家」。

人生的價值，在於「屢敗屢戰、愈挫愈勇、屢仆屢起、永不放棄」！

所以，在鼓勵、稱讚和肯定中長大的孩子，一定能滋長出更多信心和勇氣。父母和老師的角色，就是要「鼓勵、激勵」孩子，去參加適合他的比賽，也激發出孩子更多的潛能。也因此——

生命的價值，全靠自己努力去創造；

快樂的鑰匙，完全掌握在自己的手中。

後來，兒子又說，他想去參加校外的「國語文能力測驗」；好吧，即使是週末，他又是這麼懂得「主動參與、勇敢出擊」，不願「錯失任何機會」，我也就開車載著內人和他，去東征西討啦！

在人的一生中，唯有學習與智慧，最能長久。

我深知，一個人要傑出、要優秀、要超越群倫，很難。但是，自我學習、自我準備，並且主動出擊，是每個人都可以做到的。

學習，不一定就有大成就；但不學習，一定不會有成就。

出擊，不一定就會戰勝；但不出擊，就一定會落敗啊！

培養一個「不怕失敗」的孩子

每個孩子都有自己的優點和亮點，但，屬於自己優點的才華，並不見得一開始就會展現的！所以，讓孩子經常「勇敢參與」，即使失敗了，也沒關係，因為有了失敗，才會有「下一次」和「再來一次」的機會。

其實，「失敗」從另一觀點來說，只是「暫時沒有成功」而已。所以，父母要教導孩子的不是「如何逃避失敗」，而是讓孩子「面對失敗」，進而從失敗中獲得教訓，並且把它轉化為下一次成功的契機。

人生沒有事事全贏的！但想贏之前，一定會有「輸的經驗」，也會嚐到「輸的滋味」；而「輸」，是一個人自我磨練「智慧」與「毅力」的最佳教練！

輸了、失敗了，能站起來，充滿著「自信心」與「意志力」，再度勇往直前，這才是個勇者啊！所以，鼓勵孩子「衝破逆境、征服自己」，才能邁向成功，揮出生命的巨棒。

少責備，多鼓勵——「我們再試一次」

孩子挫折、失敗時，心中一定相當難過和懊惱，此時，小小的心靈，最需要的是安慰和鼓勵。所以，在孩子的自信心和意志力稍有動搖時，父母必須適時、溫柔地說：「沒關係、別難過，我們勇敢再試一次吧，下次一定會更棒！」

父母，就是孩子生命中最重要的「啦啦隊」；父母有義務要多多地「給」——「給孩子自信」、「給孩子溫暖」、「給孩子安慰」、「給孩子歡笑」、「給孩子加油」！

教養小叮嚀

一、一個孩子，如果因為害怕失敗而不敢嘗試，往往會失去「從失敗中學習進步的機會」；因此，多多培養孩子的「復原力（Resilience）」，就是讓孩子在失敗、挫折、傷心中，恢復原有的自信心，進而重新「復原」、「振作」。

二、父母可以多鼓勵孩子參加比賽，讓孩子勇於參與，也學習把自己「推向眾人之中」；得獎了，真是高興、值得慶賀；失敗了，也是美好的經驗，也學習到寶貴的「挫折容忍力」。

多擁抱孩子的不圓滿

孩子，可能只是個「灌籃低手」，他個子不高、也屢投不進，但是，孩子需要父母更多的真誠鼓勵與打氣，用愛心、耐心、細心，去成就他其他方面的圓滿啊！

培養專業，才能有機會選擇

有年輕學生問我：「戴老師，你說什麼樣的人，不適合到加油站工作？」我想了想，回答：「愛抽菸的人！」

「為什麼？」

「因為，加油時不能抽菸啊！」

可是，這學生搖搖頭說：「不對，你再想一想。」

我怎麼想啊？這一定是個無厘頭的怪答案！果不其然，這學生一臉奸巧地說：「是油腔滑調（油槍滑掉）……的人啦！」

哈，真是有夠冷的。

的確，幫別人加油時，如果連油槍「都拿不穩、都會滑掉」的人，真的是不適合在加油站工作。

工作、職業是不分貴賤的，可是，有些人的工作，自己很喜歡、也很適合，所以工作時，非常開心、投入、樂在其中；有些人的工作，自己很不喜歡，所以做起事來懶懶散散，只是混口飯吃，沒有興趣、沒有挑戰，每天虛應度日，一天混過一天，多麼可惜啊！

我在埃及旅遊時，看到有人的工作是「整天守著一隻駱駝」，因為駱駝是他的資產，旅客坐上駱駝時，必須付他錢；有人的工作，是守著一間廁所，因為旅客上廁所時，是必須給錢的。

另外，你知道嗎？有些人的工作，是每天收集大象的糞便；有些人的工作，是專門聞別人的狐臭，以便能製造出古龍水；有些人的工作，是每天收集垃圾；有些人的工作，是每天在建築工地或摩天大樓的半空中，危險地搭鷹架，搏命地賺辛苦錢！

一個人，就是要有專長、有實力、有才華、有真功夫，才能選擇「自己喜歡的工作」，否則，大部分人都可能會「為五斗米折腰」。因為，想要做的工作，自己能力不足，沒人想聘雇；為了賺些錢，只好屈就，去做一些不太喜歡的工作，也是「食之無味、棄之可惜」的工作。

不久前，報紙刊載，美國賓夕法尼亞州有三名墨西哥裔的男子，因搶劫罪被捕；這三名男子，出庭時都不會講英語，而必須聘請翻譯。在法庭上，法官下令，這三名墨西哥裔男子可暫予假釋，但是，他們必須用功學習英文，並且在一年內通過英文考試；若成績不及格，將立刻加以拘提，判他們三人入監服刑。

法官說，他的用意是——要幫助這些貧窮的搶匪「養成說英語的能力」，才能找到全職的工作；不然的話，他們沒錢、也無謀生能力，如何能養活自己？

我告訴孩子們——**做任何事情，都要有「籌碼」**。

想考上一所好學校，成績好，就是籌碼。

想找到一份好工作，才華、能力、表現，就是籌碼。

一個人，有專長、有實力、表現傑出，就是未來「贏的籌碼」！

有專長、有才華的人，處處可以立足；沒專長、沒能力的人，就會處處碰壁。所以，只有「多拿出幾把刷子」給別人看，才能讓別人心服口服地錄用你、聘請你、挖角你啊！

多多欣賞「灌籃高手」——欣賞他的優點

我和內人及孩子們，都喜歡看籃球、棒球、網球……雖然我的體育細胞不強，不太會打籃球，還是經常帶孩子去看籃球比賽。在籃球賽中，每當有選手「灌籃」時，都會引起全場球迷的大聲喝采、叫好！因為「灌籃高手」的灌籃，是高難度的美技，也是一般球員所做不到的！

當然，「灌籃高手」的球技是頂尖的，是別人所望塵莫及的；可是，不可能人人都是「灌籃高手」啊！大部分球員都是「灌籃低手」，無法在激烈的球賽中，像空中飛人一樣，神乎其技地灌籃；也因此，「灌籃高手」才會那麼令人瘋狂喝采、激賞叫好！

有些孩子，功課不一定是頂尖的，但在體育、美術、家事、工藝、餐飲等方面，可能是特優的、是高手級的；所以，父母必須以「欣賞孩子優點」的角度，來給孩子鼓勵，因為，他也是「很棒的高手」啊！

多多接納「灌籃低手」——接納他的不圓滿

是的，我們的孩子不一定是「灌籃高手」，他可能只是個「灌籃低手」，常投不進籃框；就像我、或是我兒子，個子都不高，投籃也都屢投不進。但是，別氣餒，要接納自己是個「灌籃低手」的事實，同時也「接納自己的不圓滿」！

因為，我們一輩子都不會是身材高大、球技神準的「灌籃高手」，但，我們在其他方面，也會有不錯的專長和優點啊！

所以，父母有責任「接納孩子的不圓滿」！

同時，父母更要有責任，「用愛，激起孩子無比的勇氣」，去成就孩子其他方面的圓滿！

教養小叮嚀

一、多為失意的孩子打打氣吧！孩子都需要來自父母、老師愛的鼓勵，即使他們達不到「灌籃高手」的標準，但是，「勝過自己、超越自己、天天進步」，就是一種驕傲！

二、當孩子看到別人的優異，虛心努力學習，多加充實自己「贏的籌碼」，將來就一定會有「好幾把刷子」，展現給別人看！

三、天下沒有完美的孩子，父母若過度要求孩子完美，就會造成孩子心理壓力，也害怕聽到父母的負面評價。而父母，也是會犯錯的；在親子溝通中，若父母有錯，也可以主動、妥適的道歉，來化解親子之間的不愉快。

從生活中學習
——機會教育

孩子的「敏銳觀察力、積極學習力」，以及「挫折容忍力、行動意志力」，都是打造美麗人生的正向能力；父母要讓孩子經常利用機會，在當下多多學習！

快找一找，萬那杜在哪裡？

報紙刊載，南太平洋島國「萬那杜」，曾被選為「全世界最快樂的國家」；英國廣播公司（BBC）記者柯迪，為了瞭解當地人快樂的秘訣，就親自走訪了這個與世隔絕的群島國家，也問他們：「快樂的原因是什麼？」

當地居民說：「不用擔心錢的問題！」

的確，人只要不用擔心錢的問題，就比較不會憂愁，就會快樂。所以 BBC 記者發現，萬那杜居民的生活品質並不愜意，那裡沒有高樓大廈，大部分的人都只是住在茅草屋；可是，他們日常所需的食物，例如椰子、馬鈴薯、木薯都種在島上，海裡也都是隨手可得的魚，甚至可以吃吃狐蝠。

有些島上，沒有電、沒有自來水，也沒有收音機和電視，但居民享受悠哉游哉的日子，而且全家人都在一起生活，相互尊重，不用為錢煩惱。

看到這樣的新聞，兒子德德很有興趣，馬上到客廳牆上去找找——到底「萬那杜」這個國家在哪裡？

天哪，要找萬那杜，還真是不容易！我太太找了老半天，找不到；可是，兒子一下子就找到了。他對媽媽說：「媽，妳不會看地圖啊？」

我太太說：「會啊，怎麼不會看？可是，我找不到萬那杜啊！」

此時，兒子說：「媽，妳不要找黑字，妳要找紅字，因為黑字是島的名字，紅字才是國家的名字……妳看，萬那杜就在這裡！」

哇，找到了，它在澳洲右邊、紐西蘭上方，面積一萬二千二百平方公里；原本是由英、法分別殖民管理，但已於一九八〇年獨立。萬那杜的人口數是二十二萬六千人，二〇〇六年的國民平均所得是一千六百美元，很低。

真的，萬那杜的人民很窮，但他們不用擔心生活所需、或是一直想賺錢，物質慾望幾近於零，而家庭關係卻十分和樂，所以，他們被選為「全世界最快樂的國家」。

根據這樣的觀點，兒子德德決定以此為題目，寫了一篇日記；而老師看了之後，覺得小四的孩子將新聞報導加上自己的觀點，寫成一篇文章，誠屬佳作，於是叫他將作文拿去投稿。

我覺得，家中客廳的牆壁、或是孩子房間的牆壁，可以不用掛名畫，也不要貼什麼歌手楊宗緯、空中飛人陳信安，或是足球金童貝克漢的超大明星照片；我們家客廳，就只有掛著兩大張「全世界地圖、美國地圖」，以及孩子的「油畫作品」和新買的一個「地球儀」。

因為，孩子天天看這些地圖，無形中，也拓寬他們的視野，增強他們的世界觀；不管他們以後會不會去「萬那杜」，至少他們知道，那是「與世無爭」的另外一個世界，而且，那裡的居民過著「樂天知命、不用天天操煩賺錢」的另類生活。

其實，父母除了辛苦工作之外，也應該多注意「時事新聞報導」，因為新聞報導中可能包含許多的「新鮮趣聞、地理知識、風土民情」；只要父母多用一份心，將時事新聞報導的內容與孩子分享、討論，甚至一起在地圖上，尋找國家的地理位置，都是在生活中增進孩子知識的絕佳機會啊！

人生就像吃自助餐，要自己選擇菜色

聯強國際總裁杜書伍說：「人生就像吃自助餐，裡面的食物非常多，但你要做出選擇，而不是把所有的菜都吃光！」

的確，人生就像吃自助餐，菜色很多，但不能什麼都想吃；**父母要教導孩子，擁有「正確的智慧」來抉擇、判斷，讓自己的身體更健康、生命更有意義**。現在網路資訊那麼發達，孩子更要有智慧「讓自己來取捨」，學習有用的資訊，摒棄戕害身心健康的資訊。

只要有機會，作者兒子就會去地球儀上尋找國家的地理位置。

培養孩子「帶得走的能力與智慧」

父母的責任就在於用「有智慧的愛」，去培養孩子有更多「帶得走的能力」。

孩子的「敏銳觀察力、積極學習力、挫折容忍力、行動意志力」，都是打造美麗人生的正向能力。所以，即使是一則新聞報導，父母都可以作為機會教育，來啟發孩子在國文、歷史、地理、音樂、美術、科學或健康教育等方面的知識。

教養小叮嚀

一、機會教育，就是「當下的學習」。教導孩子，不一定要由專業老師來教育；生活就是一種學習、修煉。在生活過程中，有太多的機會，都是孩子最佳的學習教材；不論是外出旅行、看畫展、拜訪朋友、主動邀請小朋友來家裡……都是進行機會教育的好時機。

二、「當下學習」的記憶最深刻、最即時，孩子也才能領悟出屬於自己的智慧。不過，有些機會教育因時、地的關係，父母不一定合適在當下給予孩子糾正、或考慮當下的氣氛可能「不合適」，那麼，就找合適的時間再溝通、討論吧！免得親子雙方搞得不愉快、傷了和氣。

不要以愛做為枷鎖

愛，不一定是完美的，但，愛若是自以為是、苦苦相逼，或無視對方的感受，就可能成為「要命的愛、致命的愛」！我們都要學會「雙向溝通」，而不要單方面的以「我是為你好」來要求孩子；千萬別讓美好的祝福，變成詛咒。

驚嚇的水鹿，眼淚一直流

有一天，我跟內人說了一則新聞——

在苗栗縣獅潭鄉，有一隻屬於二級保育類的「水鹿」，在海拔一千公尺以上的棲息地生活；可是，一天，牠的右後腳卻誤中「鋼絲圈套陷阱」而受傷。

這隻野生的水鹿，鹿茸龐大、分枝多，而且沒有被切割的痕跡，是一隻難得一見、並規定不得獵殺的「國寶級水鹿」。

後來，有一居民看見這隻「受傷的水鹿」，就帶著五、六隻獵狗在後面追捕，希望能抓到水鹿，來幫牠治療誤中陷阱的腳傷。

可是，這隻水鹿一輩子都在深山中優遊自在地生活，牠一看到五、六隻獵狗在後面狂吠、猛追，牠怎麼辦呢？牠，只能拚命、瘋狂地逃跑，不然，萬一被獵狗咬住了，豈不是被群狗「分屍」了？逃吧，我再怎麼樣，也要逃離兇猛群狗的齜牙咧嘴……

這水鹿，狂奔到心臟都快跳出來了，然而，獵狗還是在後面緊追不放！水鹿跛著腳、忍著痛，一直逃，逃到快沒命了，眼看就要被獵狗追上。牠，眼睛掉著淚……怎麼辦？……就快被追咬到了！

此時，水鹿抬起頭，往前一看——天啊，謝天謝地，前面就是一條溪了（大東勢溪）。水鹿看見自己的救命小溪，立即奮不顧身地，忍住腳痛，縱身一躍，跳躲進溪水之中。

終於，上天保佑，水鹿跳進了牠熟悉的水域中了。而獵狗，不敢跳進水中，只是站在岸邊觀看。也因此，水鹿暫時保住了牠的一條命！可是，氣喘不已的水鹿泡在水裡，牠的淚水仍然不停地流，因為，牠的右後腳中了鋼絲圈套，好痛、好痛！誰能來救救我呢？

其實，帶著五、六隻獵狗追捕水鹿的居民，不是壞人，他只是想救受傷的水鹿；所以，這居民用手機聯絡縣政府林務課、鄉公所和警察，大家都陸續趕到了大東勢溪，要來搶救跳入溪中的受傷水鹿。

可是，如果你是那隻躲在湍流溪中的水鹿，你怕不怕？——看到一大群人，不停七嘴八舌地喧鬧，也看見增加到八、九隻的獵狗，張開利牙兇猛地瞪著，一副想把牠「撕裂吃下肚」的樣子，一想到這裡，這水鹿的心，已經痛到無法呼吸，牠，盡量把身體藏入水裡，只露出長滿鹿茸的頭，在水面上呼吸、活命！

水鹿的淚水，一直流；牠的心，一定在想——你們人類，為什麼要如此苦苦地追殺我？為什麼一定要置我於死地不可？

然而，在岸邊熱心趕來搶救水鹿的警察和民眾，深怕水鹿在溪中淹死，就帶來了一大捆粗繩子，也先後跳入水中，七手八腳地，強行為水鹿套上粗繩，奮力想把牠硬吊上岸……

本來，水鹿在溪中，還可以降低體溫，讓自己喘個息；不料，卻反被人們用繩子套綁住了。牠，淚水更是不停地流！牠，又驚又恐，四隻腳不停地掙扎，心想，這下我死定了——爸、媽呀，你們在哪裡啊！你們快來救救我啊！我就快要死了……

正當警察與熱心民眾，好意地費了九牛二虎之力，也花了兩個小時，把水鹿從溪中高吊起來時，這水鹿哭乾了眼淚，也使盡了力量；在被強行吊起、離開水面、驚惶升空的那一剎那，牠，驚嚇過度、心肌出血，休克，猝……死……了……

後來，警方把水鹿送到中興大學獸醫學院、動物疾病診斷中心解剖，檢驗報告指出——水鹿在遭遇獵狗緊迫追趕時，心肌出血，骨骼肌也急速溶解，導致心肌病和肺水腫，最後在水中被吊起時，因過度緊張、驚嚇，而猝死。

天哪，這，真是「要命的愛」啊！

本來，是愛牠、要救牠，可是，方法不對，卻反而害死牠！

所以，檢察官感嘆地說：「不適切的作法，讓認真搶救的人員，反而成為兇手！」

的確，「愛」有時也是如此。你愛孩子，拚命地要幫他、要救他，可是，你很用力、很嚴厲、很大聲，結果可能適得其反，可能害到他。

因為，**缺乏體諒、用心、呵護的愛，有時可能會傷到孩子啊！**

內人聽到這裡，回我一句：「你是在暗示，我是那個害死水鹿的人嗎？」

「哪有？」我笑笑地說道：「我只是在說一則真實發生的新聞給妳聽而已呀……」

愛，要用平靜和悅的心來傾聽

有些孩子不想跟父母說話，心事也不願意告訴父母，為什麼？

因為，有些孩子說：「一說就挨罵，我幹嘛找罵挨？而且，說了也沒用，反正我都是不對的！」

「爸媽老是看我不順眼，說了只是招來一陣罵，不說就沒事了！」

「等我長大，我自己搬出去住就好了。」

大聲訓斥、嚴厲的指責、嘮叨個不停，只會讓孩子反抗、想逃，而且，會覺得逃得越遠越好！

愛，要和顏悅色；愛，要有笑、有鼓勵！

愛，若是劍拔弩張、苦苦相逼，就會讓「祝福變成詛咒」了！

教養小叮嚀

一、孩子，是父母心中的寶貝，但，愛他，就要用「平靜和悅的心」，來聽他說話；也用「柔言細語」的聲音，來對他說話。

二、即使出發點是好的，但溝通方式不對、口氣很差，也會造成反效果。在與孩子溝通時，可以先傾聽他、理解其原因，也了解孩子的情緒，並盡量避免使用「命令式」、「上對下」的方式來說話，這樣，才能尊重孩子，達成親子之間的有效溝通。

父母也要懂的情緒教育

在教養孩子時，難免會遇到挫折與衝突，但此時，應該先讓自己的心慢下來、靜下來，先處理好情緒，再與孩子溝通。尤其親子之間的情緒與口氣會互相影響；當父母學會控制自我情緒，才能帶領孩子「好好面對自己的情緒」。

養育孩子難免有挫折　別讓情緒影響親子溝通

有一天，內人到學校門口接兒子、女兒回家；下課時間一到，只見女兒興高采烈、手舞足蹈地跳著走向校門。內人對我說：「看她一臉高興的樣子，就知道，你女兒一定是發生什麼好事了！」

果不其然，女兒在距離校門口十多公尺外，就笑瞇瞇地大聲喊說：「媽咪，我當班長了，我當班長了！」哇，這麼大聲、驚天動地地喊，旁邊所有來接小孩的媽媽、阿姨、阿公、阿嬤都聽到了。

當然，內人聽到了，也很開心；因為，就在兩個多月前，我父親突然在睡夢中過世，女兒的心情很不穩定，時常產生恐懼，不敢上學、不敢睡午覺，深怕自己像爺爺一樣，一睡，就起不來了。

可是，經過兩個多月的調適，女兒的心情逐漸開朗，也已經能和同學們開心地互動。「爸爸，你知道嗎，我們班選班長，全班一起投票，我第一輪就過半數，一下子就被選上班長了……而且，我做的母親節卡片，還有寒假做的小書，都被老師選為最棒的，被送去展覽，學校還頒了一張獎狀給我喔！」女兒柔柔很興奮地在電話中對我說。

當然，女兒逐漸脫離爺爺過世的心情陰霾，天天開朗、快樂地上學，我也很高興。那天，內人接兩個孩子回到家，女兒拿出了月考成績單：「英文，一百分；數學，九十五分；社會，一百分；自然，八十八分。」

「啊，柔柔，妳自然怎麼只考八十八分？……妳看，妳被扣的十二分，都是我昨天晚上才教過妳的題目。我不是告訴妳——水凝結會變成冰、冰融化會變成水、水蒸發會變成水蒸氣……『水的三態』，這麼簡單，妳怎麼回答冰會凝結成水？哦，真是太不用心了……」

內人看到那張「八十八分」的成績單，真是氣炸了！因為，她認為女兒的自然應該考一百分，怎麼這麼不用心？明明才教過她的，居然如此粗心，三題全答錯！

我是不是逼她逼得太緊了？

當然，那天晚上，女兒是不好過的，因為媽媽一直不停地念她：「柔柔啊，妳要用功、要認真啊！妳要像哥哥一樣，功課好、成績好、愛念書……妳看妳，一回家，就開始玩那兩隻黃金鼠，都不寫功課……妳不准再玩黃金鼠了，再玩，我就拿去送給別人！」

當我回到家時，發現原本女兒和內人快樂的心情，都跌到了谷底，氣氛很僵、很冰。後來，該睡覺了，內人還是心情很差地叫兒子、女兒去睡覺。可是，女兒突然抱著枕頭，一直不停地哭泣。她，哭得很傷心……

內人受不了了，問道：「柔柔，妳不睡覺，妳哭什麼哭？」

可是，柔柔還是眼淚直流，而且一直啜泣！最後，她才斷斷續續地哭著說：「人家……今天發生那麼多……好事……我當了班長……小書和卡片……也都被老師選上……被拿去展覽……也拿了獎狀回來……而且……英文、社會都考了一百分……我……只有自然考得不好，考八十八分……妳就一直罵我、一直罵我……」柔柔哭得滿臉都是淚水，眼淚也滴濕了枕頭。

那一夜，柔柔哭紅了眼睛，也在不安和自省的媽媽懷裡睡著了。

的確，柔柔的功課成績並不是最棒的，但是她天真、可愛、開朗，嘴巴甜、很有人緣，小朋友都喜歡她，所以被選為「班長」；而且，她以前也曾被選為風紀股長、學藝股長，甚至什麼「洗手隊隊長」（列隊一起去洗手）！

「柔柔就是除了成績之外，一切都很好……」我太太在心情沉澱之後，對我說道：「我是不是逼她逼得太緊了？我是不是應該對她寬鬆一點，放她一馬，不要當一個『緊迫盯人、抓水鹿的人』？」

多看孩子的好，別一直盯著看他的不好

其實，**父母是「情緒教育」的活榜樣**。

父母在處理孩子的問題時，必須先處理好自己的情緒。因為——「表情，就是一面鏡子！」當我們憤怒時，孩子看到的，就是一張猙獰的臉；當我們和顏悅色時，孩子看到的，就是一張和藹可親的臉。

而且，我們都在學習——「**多看到孩子的好，不要一直盯著看他的不好！**畢竟孩子不是全才、全能的，不可能每一科都是最棒的！只要健康、快樂、笑臉常開、喜歡閱讀、學習成長，就值得我們給予讚美、鼓勵啊！」

教養小叮嚀

一、「媽媽，妳也笑一笑嘛！妳笑的時候比較好看！」「媽媽，妳不要一直罵我笨，妳多看我的優點嘛，我也有其他科目分數很好啊！」是的，爸爸媽媽要「負責多笑笑」，臉上盡量多掛點笑容，才能讓孩子在「安心、快樂」中學習。

二、「讚美孩子」是父母必修的功課！孩子不被讚美、不受關愛、沒有自尊，就可能會拒學、逃家、叛逆或自暴自棄。父母必須多微笑，就可以帶給孩子愉悅、幸福、快樂的感覺；只要孩子感受到「被肯定、被尊重、被看見、被讚美」的愛和感動，就能找到認真學習的動力！

避免「利誘式教育」

為了讓孩子達成目標，父母總是會想盡辦法，甚至學習不同教養方法，但當孩子沒有動力或幹勁時，往往一不小心就又陷入「威脅利誘」的窠臼……

別養出孩子心中的「小魔鬼」

曾經聽過一個媽媽說了一則故事——

有一天，她念國小四年級的可愛女兒從學校放學回家，開心地說：「媽，今天我的數學考一百分耶！」

「真的啊？好棒哦！考卷讓媽媽看一下。」女兒隨即從書包裡拿出考卷給她看——嗯，不錯，題目這麼難，還能考一百分，很棒、很聰明！而女兒也以撒嬌的口吻對她說：「媽，妳不是說如果我考一百分，就要給我一百塊嗎？」

「好啊，等一下我就給妳一百塊！」她微笑地答應女兒。

可是，此時，她發現女兒的臉似乎沒有興高采烈的樣子；女兒低著頭，好像有什麼話要說，卻「欲言又止」。她忍不住開口詢問：「怎麼，妳好像有什麼心事？」

女兒眼睛沒看向她，只說：「唉，算了，沒事！」

「妳有事就說出來嘛！是不是妳想買什麼東西，嫌一百塊不夠？」

「不是啦！唉，我……我還是不要說好了……免得妳又要罵我！」女兒吞吞吐吐地說。

「好，媽不罵妳，妳說沒關係！」

女兒聽她這麼說，就縮著肩，不好意思地開口說：「今天數學考試，有兩題、二十分，是我偷看同學答案的！」

「啊？」這位媽媽一聽，原本興奮喜悅的心突然消失。雖然有點生氣，但還是按捺住性子，聽聽女兒怎麼說。

「媽，是妳自己說考八十幾分很差、很爛，如果我能考一百分，就要給我一百塊！所以……我一有機會，就『好好把握』啊！」女兒說。

她一聽，愣了半晌——是的，這些話是我說的，可是我沒叫妳去偷看別人的啊！她摟著女兒，對孩子說：「對不起，媽不應該用一百塊去賄賂妳考一百分；考八十分也不會很爛，媽以前還考過五十八分呢！」

「媽，妳不罵我嗎？」女兒有點疑惑地問。

「妳這麼誠實，媽怎麼會罵妳？」媽媽欣慰地對女兒說：「雖然妳應該只有八十分，可是，妳的誠實是『一百分』啊！妳不覺得誠實地說出來以後，心情好多了嗎？」

「對啊！本來我的心一整天都很緊張、很害怕，也怕爸爸媽媽會罵我，好像心裡有『魔鬼』一樣！可是，我說出來後，『心裡的魔鬼就愈來愈小』，心情就舒服多了！」女兒終於露出笑容說道。

後來，媽媽又問女兒：「妳心裡的魔鬼雖然愈來愈小，可是它還是存在啊？妳要不要讓『心裡的魔鬼消失』？」

「怎樣讓它消失？」女兒疑惑地問道。

「妳要不要打個電話給老師，跟她說妳的數學一百分之中，有二十分是偷看同學的，請老師扣掉二十分？」

女兒一聽，很猶豫地說：「我……我不敢。」

「如果妳不敢，那麼『小魔鬼』還是住在妳心裡啊！妳剛剛不是才講，說出來後，心情舒服多了嗎？要不要媽媽幫妳撥電話給老師，妳再自己向老師道歉？」女兒想了一下，羞怯地點頭；而在她向老師說明和道歉之後，放下電話，興奮地對媽媽說：「媽，我心中的小魔鬼不見了！」

利誘不等於鼓勵　別用好處換取孩子做事

有時，我們隨便說出一句話，沒想到，那句話卻變成「促使別人犯錯的誘因」；就像本文中的媽媽，為了鼓勵女兒考一百分，而說出「利誘式」的話，導致女兒為了一百元獎賞而作弊。

其實，每個人都喜歡「被獎賞」，尤其是小孩，更希望天天有「獎賞」；但是，**如果父母給子女太多「條件式、利誘式」的獎賞，可能會使子女變得「十分功利」，甚至誤導他們走入旁門左道。**

所以，盧梭在《懺悔錄》中說：「兒童第一步走向邪惡，大抵是由於他那善良的本性，被人引入歧途的緣故。」

不過，故事中的母親及時發現自己「不自知的盲點」，也鼓勵女兒勇敢面對自己的過錯，讓「心中的小魔鬼消失」；畢竟「知過則改、懂得懺悔」，是永遠不嫌遲的好事，而且，能使我們的心靈「更加平靜、睡得更安穩」。

教養小叮嚀

一、獎賞、利誘或許能吸引孩子付出一時的努力，卻無法成為他們長期努力、追求興趣達標的動力。十九世紀義大利教育學家瑪麗亞．蒙特梭利博士（Dr. Maria Montessori）曾提出——若總是利用獎懲利誘的方式，來引導孩子，久而久之，孩子原先因自身興趣而產生學習的內在動力，會被外在誘因給取代；但，如果沒有這些獎賞的誘因時，孩子就會不想做、放棄了，甚至容易缺乏自我信心，也變得不再積極、主動。

二、讓孩子「找到自己的興趣與優勢」，在父母、老師的鼓勵下，不因獎賞、利誘，而是真正喜歡上自己的喜好，進而願意不斷學習、全心投入，才是啟發孩子的最好方式。

多稱讚孩子，不要一直挑毛病

當我們教導孩子面對挫折時，要學會換個想法——多往好的方面看。在面對孩子不好的表現時，做父母的不妨也換個想法——「少看孩子的缺點，快轉念、多看看孩子優良的表現吧！」

媽咪，我有八十二個「微笑的臉」

當媽媽很辛苦，尤其是「單親媽媽」，需要付出更多心血、也要承受更大壓力，才能把小孩撫養長大。

我曾聽一位「單親媽媽」，說她自己的親身故事——

三年前，這位媽媽因先生有外遇，婚姻以「離婚」收場，並獨自扶養孩子。如今，兒子已經七歲，也念了國小一年級。

平時她在美容院工作，每天從早忙到晚，實在沒時間去管小兒子的功課，還好，小兒子的級任老師會在家長聯絡簿上，寫些兒子在學校的表現。同時，老師有兩個橡皮圖章，一個是「微笑的臉」，用來表示孩子在校表現良好、值得稱許；不過，如果孩子在學校不遵守秩序、上課大聲講話、作業忘了寫、或是和其他小朋友吵架……就會被老師蓋一個「哭喪的臉」。

雖然兒子長得很可愛，但也很頑皮，經常故意捉弄女同學，上課也不專心，寫字更是潦草馬虎。所以，每次他拿聯絡簿給媽媽看時，她就會和他「算帳」——你看看，你又得這麼多個「哭喪的臉」……上課講話、排隊不守秩序、又是和女生吵架、鬥嘴……兒子啊，你乖一點好不好？

有一天，這位媽媽從美容院拖著疲憊的身子回家，一進門，就看見兒子一張紅撲撲的小臉，向她跑過來：「媽咪，妳回來啦！」

當時，她好累，但嘴巴仍然說著那冷冷的老話：「去，去把你的聯絡簿拿來，讓我看看你又得幾個『哭喪的臉』？」

此時，小兒子抱著她的雙腿，撒嬌地說：「媽咪，今天我們一起數一數，這學期我總共得幾個『微笑的臉』好不好？」

小兒子一說完，立刻從書包裡拿出聯絡簿，數一數，這個星期到底有多少個「微笑的臉」？他甚至翻到上星期、上個月、十月、九月……

小兒子低著頭，專心又高興地數著：「三十、三十一……四十五、四十六……五十二、五十三……」聽著兒子興奮的聲音，媽媽的眼眶竟泛出了淚水！

是的，兒子，你有好多好多「微笑的臉」，值得我和你高興地一起細數，我為什麼要一直反覆挑剔你那為數不多的「哭喪的臉」呢？

記得上星期，她騎機車載著兒子到外頭買麵包，當天，天空下著毛毛雨，她叫兒子坐在機車後座、不要亂跑，等她買完麵包馬上出來。但當她付完錢、走出麵包店時，卻看見小兒子懶洋洋地整個人「趴在機車椅墊上」；媽媽一看，好生氣地大聲罵他：「你趴著幹嘛？坐好，坐要有坐相！」

這時，小兒子挺身坐起，笑著說：「媽咪，妳看我多聰明，我趴著，用身體蓋住妳的座位，就不會被雨淋到；妳坐上去，屁股就不會濕、不會冷了！」

兒子啊，我當時真的好感動！可是媽媽太忙、太累，媽媽「又忘記了」心中的感動，只記得去數你「哭喪的臉」，媽媽很壞對不對？

當媽媽含著淚、望著可愛的兒子時，他天真興奮地抬起頭，告訴她：「媽咪，這學期我總共有『八十二個微笑的臉』！」那時，她緊緊摟抱住兒子，真心喜悅、滿足地對他說：「媽咪今天加你『十八個微笑的臉』好不好？讓你擁有『一百個微笑的臉』！」

於是，她在兒子聯絡簿上，畫上「十八個微笑的臉」，並簽上自己的名字。

教養小叮嚀

一、有時候父母並不是沒有看見孩子的努力，但，嘴巴卻常「吝於稱讚、肯定、鼓勵」；而且，心裡又急著想要改正孩子的缺點與不足，久而久之，孩子的心，很有可能會開始「自我否定」與「負面看待自己」。

二、當孩子有良好表現時，父母要好好地稱讚他的用心付出與努力。有些父母常會下意識澆孩子冷水，特別挑孩子的缺點來數落。真的，父母對孩子，要在言語上「多灑香水、少潑冷水」。

孩子不是父母炫耀的道具

當孩子有好表現時，父母為他們感到驕傲，是十分正常的；但是，當「驕傲變成炫耀」，孩子成為父母之間的「育兒競賽」的工具時，反而有可能會讓孩子產生不悅、生氣的「牴觸心理」，進而抗拒學習。

當小丑掉下眼淚

社區裡，有一位年輕的徐小姐，兒子一歲八個月了，長得眉清目秀，也很乖巧。這年齡的小孩，正是牙牙學語的時候，所以，當徐小姐看到兒子會叫「爸爸」、「媽媽」，或會學狗一樣「汪汪汪……」叫時，就很高興。

一天，徐小姐在美國的姊姊打電話來時，徐小姐就很興奮地對姊姊說：「我們小凱很聰明哦，會叫媽媽，也會學狗叫耶！」

「真的啊？那妳趕快叫他學給我聽！」

於是，徐小姐叫兒子拿著電話筒，講：「你趕快叫『媽媽』、『汪汪』給阿姨聽！」只見兒子小凱面對著電話筒，發出「媽媽媽……汪汪……汪汪……」的聲音。

「哇，好棒，小凱好棒！」姊姊在電話那端稱讚道。這時，姊姊的大女兒說，她也要聽，所以徐小姐又叫小凱再學叫一次。

「媽媽媽……汪汪……汪汪……」小凱又對電話叫著，好可愛。

接著，姊姊的二女兒說，她也要聽，所以徐小姐又很高興地叫小凱再學叫一次！最後，連姊姊的兒子也說他要聽，所以小凱又在媽媽的要求下，對著電話：「媽媽……汪汪……汪汪……」

電話掛斷後，徐小姐抱著小凱，親吻地說：「哇，你好棒哦，學講了四次耶！」

這時，在旁邊看著這一幕的老公說：「以後妳讓小凱學講話給別人聽，可不可以叫他學一兩次就好了？妳這樣叫他對著電話筒，一直學狗叫，好像是叫馬戲團的狗表演！拜託妳，不要為了『愛現』，而把妳兒子當成『狗』好不好？」

也有一次，徐小姐帶小凱回爺爺家玩，小凱已經兩歲了，個子高高的，依然十分聽媽媽的話。大家在客廳裡聊天時，徐小姐突然對公公、婆婆說：「小凱好厲害哦，他現在就會翻跟斗了耶！」

「真的啊，哇，小凱你好棒哦！」爺爺、奶奶異口同聲地稱讚。

「來，小凱，翻跟斗給爺爺、奶奶看！」徐小姐一說完，小凱就蹲在客廳中的大理石地板上，準備翻跟斗。

「不要、不要，你不要在這裡翻跟斗！」爺爺急著大聲叫道：「這大理石太硬了，這不能開玩笑！」

「沒關係啦，他真的會翻啦！小凱，你趕快翻給爺爺、奶奶看嘛！」

「不行、不行，這大理石這麼硬，萬一頭撞到地的話會很痛！我知道他會翻就好了！」爺爺深怕小凱頭撞硬地會受傷。

可是，徐小姐又說：「不會啦，翻跟斗而已，不會怎麼樣啦！」

這時，爺爺很不悅地對媳婦說：「妳幹嘛一直叫他翻跟斗？他翻來翻去，萬一受傷了，妳很高興是不是？」

記得，學生時代我曾看過一篇「短寓言」——

「有一位畫家，在河邊撿拾了許多形狀不同的鵝卵石，回家後，十分精心地用彩筆，把每個鵝卵石都塗畫成『色彩鮮艷的小丑』模樣。

後來，畫家很高興地把這些漂亮的『小丑』，拿到畫展中展出，供人欣賞。

可是，只見其中一個五彩繽紛的『小丑』，竟掉下淚來！」

尊重孩子意願　別讓孩子成為丑角

有時候，小朋友的想法，出乎我們大人的意料之外，所以，當我們「想當然耳」，或是「基於善意地」叫小孩做某些事時，可能只是站在「大人的角色」來考量而已，比較少站在小孩的意願來想。

有個朋友說，小時候，媽媽堅持要他「學小提琴」，而且家裡有客人來，媽媽就很「愛現」，一定要他拉一首「小蜜蜂」給客人聽。其實，這朋友對拉小提琴沒啥興趣，而且「小蜜蜂」，也是他當時唯一會拉的一首曲子。

有一天，李阿姨和一些朋友到他們家玩，才剛吃完飯，媽媽又叫他出來拉小提琴給客人聽；當他開始拉「小蜜蜂」時，李阿姨說：「這首小蜜蜂，阿姨已經聽過三遍了，你還會不會其他的曲子？」

後來，這朋友很痛恨小提琴，不學了！他也很難過地說，他永遠忘不了這件事！

教養小叮嚀

「過度炫耀」，除了會導致孩子「抗拒學習」之外，也有可能培養出擁有優越情結的孩子，由於習慣得到父母稱讚，因此常會渴求在任何表現上，都要得到別人的讚賞，甚至會十分在意外在的評價；若自身能力無法達成，也有可能會產生「逃避心理」。

父母也要遵守約定

「說誠實言、說到做到」，是我們必須學習的功課；因為，「誠信」是人一生中最重要的資產。人若「無誠無信」，不僅別人看不起我們，連最親近的人，也會離我們遠去啊！

把女兒逼上梁山的母親

每次爬山或到山上旅行，偶爾會看到「老鷹」在天上，展開翅膀飛翔！而我總會想起，一則與老鷹相關的原住民傳說故事——

古老以前，在「馬拉苦旺」的泰雅爾部落之中，有一位名叫「塔巴斯」的媽媽，生性非常懶惰，也很兇惡，經常虐待自己的女兒「雅外」，動不動就挑剔她、斥責她、打她！

有一天，媽媽一反往常，客氣地對女兒雅外說：「等一下妳去幫我挑水，挑完水後，我就送妳一些漂亮、珍貴的布匹，給妳做衣服！」

雅外一聽，十分高興，就立刻一桶一桶地努力挑水，挑到自己汗流浹背，全身也淋得濕答答地回來。可是，媽媽又說：「嗯，很好！不過，等妳再把房子內外打掃完畢後，媽媽就把漂亮的布匹拿給妳！」

於是，雅外抱著美麗的希望，趕快把屋子裡外都打掃得乾乾淨淨，身子也弄得全是髒灰塵！然而，此時媽媽又說：「等妳把米都樁好以後再說吧！」

雅外雖然疲憊不堪，但想到漂亮的布匹，她，只好繼續到屋外去樁米，也沾得頭髮全是小米渣。當雅外樁完米，全身都快累倒時，懶惰的媽媽又在一旁說：「快好了，等妳把晚飯煮好了以後，漂亮的布匹就送給妳！」

雅外聽了，忍著一身的疲憊，奮力地把晚飯煮好。沒想到，媽媽卻得意洋洋地對雅外說：「那啃米束！」（「我是跟妳開玩笑的啦！」之意）

可憐的雅外，聽到媽媽這麼一說，全身癱倒在地上！她萬萬沒想到，媽媽竟然如此地欺騙她、愚弄她！失望的雅外愈想愈氣，一怒之下，就爬到米倉的屋頂上，哭了起來！而媽媽在下面怒目臭罵，嚴厲地大罵雅外：「妳再不下來，我就打斷妳的腿！妳就永遠不要回來好了……」

雅外情急之下，又跳到屋頂旁的一棵大樹，難過地不斷往上爬，任憑母親如何在下面威脅、吼叫、怒罵，她就是不願從樹上下來。

這時，母親塔巴斯氣急敗壞地拿了一把銳利的斧頭，用力砍斷大樹，要把雅外逼下來！而當大樹即將倒下的那一剎那，雅外就縱身一躍，展翅飛向天空，變成一隻「老鷹」，她，永遠再也不願回到母親的身旁了！

說誠實言、說到做到

這是多麼淒涼、令人鼻酸的一幕！

一個「說話不算話」的母親，竟把女兒「逼上梁山、絕境」，讓她狠下心，頭也不回地，飛走了！

「說誠實言」、「說到做到」，是我們必須學習的功課；因為，「誠信」是一個人一生中最重要的資產！人若「無誠無信」，不僅別人看不起我們，連自己最親近的人，恐怕有一天也會像「雅外」一樣，痛心疾首地離我們遠去呀！

別讓孩子「期待落空、破滅」

我們可能都玩過一種「信任跌倒」的遊戲——一個眼睛被矇住的人，站在眾人圍成的圈圈之中，他要把自己交給圍成圈圈的每一個人；他雖然看不見，卻要放鬆地「往後倒」，而後面的人就要「用力地接住他」。只要大家遵循遊戲規則，一方「信任跌倒」，一方真心、用力地接住他，則信心愈來愈強，愈做愈順，不需要擔心什麼，大家都覺得很好玩、很快樂！

可是，如果有一方破壞規則，不用力接住別人，使人真的跌倒，則雙方的「互信機制」就破滅了，別人就不再放心「信任跌倒」，不敢放鬆地往後倒了！

相同地，**假如我們開了太多「空頭支票」，或是，許下太多諾言卻都做不到，將使人產生「期待落空」之感**；就像本文中的雅外一樣，看到自己媽媽所說的話，一次都未兌現，使她的「信任落空、期待幻滅」，就會失望至極。

教養小叮嚀

一、俗話說：「說話隨便的人，一定沒有責任心。」西諺亦云：「聰明的人，想過後，才開口說話；愚昧的人，說過話後，才後悔他說了什麼。」親子之間的溝通，貴在「誠實、互信」。假如，雅外的媽媽能做到她的承諾，甚至懂得「做個會拍手的人」，經常適度地鼓勵雅外，則雅外就不會傷心失望地高飛遠去啊！

二、父母與孩子之間，需要有彼此的「信任感」，約好的要出遊、約好的要外出吃飯、約好的要去旅行……假如都失約了、沒做到了，孩子常會十分失望、難過。所以，父母最好能夠言而有信，說到做到。當然，有時候有一些外在的因素，原先的承諾無法做到，父母也需要耐心地說明，取得孩子的諒解，而父母也可以再給予一些另外的承諾，來獲得彼此的信任。

Chapter 5

以愛相伴的親子教養

陪伴孩子成長，

相信孩子的決定，

放手讓孩子勇敢嘗試！

父親用一輩子教導的「親子教養課」

印象中，父親一生中對我說的話、以及後來對孫子、孫女說的話，可以說，都是「輕聲教育」、「鼓勵教育」、「讚美教育」。

曾經有一些讀者與媒體詢問我，關於「親子互動與教養」的一些問題。那時，我想起了，我的父親生前，讓我印象最深刻的記憶。

十四年前，那一天，我在嘉義基督教醫院有數場演講，但在半夜，突然接到我哥哥來電，說爸爸睡覺時心肌梗塞，安然過世了！

我立即向基督教醫院院長告假，隨即從嘉義開車趕回臺北。凌晨二、三點，在北上的高速公路上，我一邊開車、一邊回憶起與父親的「說話、溝通與互動」。

來自父親最強大的精神支持

當我兩次大學聯考沒考上、重考二次、只念藝專廣電科時，父親從來沒有嚴詞責備我：「你怎麼這麼笨、考這什麼爛成績……你看看誰誰誰都考上了國立大學……」

父親不是一個愛罵孩子的人，他總是態度溫和、嘴角微微上揚地不斷鼓勵我：「沒關係、不要灰心，再努力……」

在我當兵退伍後，找不到工作、想出國念書時，連續兩年半失業，考了八次英文托福考試才通過；在這段期間，父親也總是和顏悅色的對我說：「晨志，再加油，不要放棄，你一定會考過的！」

多年後，我在美國拿到碩士學位、回台考上華視記者；二年後，又到奧瑞岡大學，攻讀口語傳播博士學位。

來自父親的「多稱讚、多肯定、多鼓勵」

當我在世新大學口傳系任教時，有一次回蘆洲老家去看爸媽，也臨時買了一些肉粽回家；爸爸在吃肉粽時，開心地對我說：「晨志，這些肉粽，你是在哪裡買的？……好好吃哦……這世界上，怎麼會有這麼好吃的肉粽？……嗯，真的很好吃！」

天哪，我只是在路邊隨手買的肉粽，可是，父親總是用「最好聽、最美善、最稱讚的話」，來說話、來回應我，讓我聽了很開心。

有一次，我開車載爸媽到郊外走走，天空突然下起雨來；父親的表情沒有厭煩、不悅，反而對我說：「我們開這麼好的車子出來玩，雖然外面下著雨，可是看著車外的風景，也覺得很漂亮啊……」

印象中，父親一生中對我說的話、以及後來對孫子、孫女說的話，可以說，都是

「輕聲教育」、「鼓勵教育」、「讚美教育」。

父親的說話方式，就是——輕輕的、溫和的、肯定的、鼓勵的。

他從來不大聲責罵、不生氣斥責、嚴厲咆哮。

以前，當父親看到我兒子及女兒小時候的水彩、油畫的畫作，父親總是笑嘻嘻、滿心歡喜、滿口讚美的說：「哇，怎麼這麼棒，這麼小，就畫得這麼漂亮，真的很不簡單，好厲害哦！」

後來，我經常受邀在各地演講，而父親總會在我演講過後的晚上，主動打電話給我，親切地問我：「晨志，今天的演講，好不好？……人多不多？……簽書會的成績好不好？」

說真的，我沒有和父母住一起，有時候，父親也不是很了解我在外面的工作，他也不知道要問我什麼，只有問一些「簡單、例行性的話」。

但，我知道，父親只想聽到我的聲音，這是父親「真心的關心」與「關懷的話語」。

來自父親用一輩子實踐的親子教養方式

清晨快五點了，我心沉重地開著長途車、回到了臺北，和母親、哥哥，到三軍總醫院的殯儀館，去看爸爸冰冷的遺體、蒼白的臉龐。白天再帶內人與孩子們，去看爺爺安詳睡去的遺容樣貌。

幾天後，當時念小學的兒子與女兒，一起在浴缸裡泡澡，也一起編一些思念的歌，唱給天上的爺爺聽。

不料，此時小女兒突然說：「噓……不要說話、不要說話……我聽到爺爺，正在跟我講話。」

講什麼呢？……

小女兒一臉正經、輕緩地說：「爺爺正在……跟我說……謝謝你們、謝謝你們，這是我聽過……最好聽、最好聽的一首歌……」

作者的父親對孫子、孫女也都是「讚美教育」、「鼓勵教育」，也讓孩子十分喜歡和爺爺相處。

父親在睡覺中、突然過世，未留下一句遺言……那時，他七十八歲。

但是，他留給我最深刻的印象，以及最美好的身教——「好好說話」、「輕聲說話」、「溫和說話」、「多讚美、多肯定、多鼓勵的說話」。

父親過世已十四年多。說實話，父親生前的許多事，我的印象已經逐漸模糊，但是，父親留下的，是他的「柔和說話」、以及「與人說話的美善態度」。

父母給予作者的「信任、支持與幫助」，是他最強大的精神後盾。

「做一個好好說話、態度溫暖的人。」

「做一個懂得肯定、讚美、鼓勵的人。」

「做一個令人永遠懷念的人。」

這是我從父親身上，學習到的「親子教養」方式。

勇敢放手，讓孩子找到屬於自己的一片天

當孩子自己有願景、有規劃、有想法時，做父母的不妨尊重孩子的選擇，放手讓孩子努力、用心去闖一闖，讓他「展翅飛翔」。

記得七年前，兒子建中畢業，考上「台大資工系」，這是一個頂尖的科系，很多理工科高中生都夢寐以求。可是，台大開學不到一周，兒子悶悶地坐在客廳，要跟我和內人談話；他正經地說——「他想休學」。

天哪，「台大資工系」已經是最難考上的科系之一啊？為什麼還要「休學」？

面對孩子的未來規劃　父母是孩子最強大的後盾

兒子說，他沒有那麼喜歡「資訊工程」，他更想念的是「腦神經科學」；可是，全台灣，沒有大學有「腦神經科學系」，只有陽明大學有「腦神經科學研究所」。

而當時，兒子也已拿到美國四所大學的入學許可，但校方「並沒有提供獎學金」；他很節省、「捨不得花我那麼多錢，到美國念書」。

可是，他渴望到美國念書啊……

兒子的心情，是沮喪的；所以，他說，他想要「休學」。他要到陽明大學的腦神經研究所實驗室，去當一位教授的助理。

其實，兒子在建中二年級時，就主動請求、獲得此教授同意，常在晚上或週末，到陽明大學研究所，做「與老鼠相關的腦神經實驗」，也頗受教授的欣賞。

怎麼辦？……如果你是家長，你同意你的孩子在考上台大資工系後，辦「休學」嗎？

我問過很多家長、校長，他們都搖頭，都說「不贊成」、「不同意」、「不建議」。

兒子說，他到陽明大學腦神經研究所實驗室、當教授助理，他會好好認真工作、做實驗，以獲得好的「工作經驗」，也希望在明年，能申請到「美國大學的獎學金」。

是的，這是一個困難的決定。不過，在家裡客廳平和氣氛的討論下，我和內人都沒有堅決反對，都一致同意，也告訴兒子——「好吧，你就按照你的想法與決定，去做你最想做的事吧……爸媽支持你的決定，加油！」

就這樣，兒子就在開學一周，就從台大資工系「休學」了，變成一個「沒有學籍、沒有大學念、等待就學的青少年」。

看著孩子實踐三個「目標與夢想」

不過，當時，兒子也告訴我，他自己訂下了三個「目標與夢想」——

一、他要報名參加墾丁的「三項鐵人大賽」。

二、他要號召同學，「登上玉山」。

三、他要和同學，一起「騎腳踏車環島」。

後來，他真的找高中、初中同學，在有登山經驗的領隊帶領下，一起登上了台灣第一高峰——玉山。在登上玉山時，是一個細雨濛濛、氣溫超寒冷的天氣；兒子透過拍攝 IG 短影片，跟大家報平安，說他已經「攻頂成功了」。

他也在春節大年初一時，號召過去的同學，一起計畫「十天騎腳踏車環島台灣」。

我還記得——有一天，兒子一個人騎腳踏車，回到台北、全身濕透、筋疲力竭地來到我的辦公室，說要沖澡、洗頭、好好休息一下……

兒子說，一起騎腳踏車環島的同學們，都累倒了；勉強痛苦地到花蓮後，同學們都放棄了、選擇搭火車回台北。只有他，堅持、不放棄，一個人騎著腳踏車，走蘇花公路……獨自、奮力不懈地，終於平安順利地，騎著腳踏車回到台北。

也有一次，兒子為了參加「三項鐵人大賽」，我開車載他到北台灣的金山海邊，練習「在海邊游泳」。

好像是十一月初，冬天海邊的風浪很大、天氣好冷，我穿著厚厚的衣服；但兒子鼓起勇氣，脫光上衣、全身發抖地走下海中，跟一些其他也要參加「三鐵大賽的大人」，一起練習從來沒有經驗過的「海泳」。

後來，過了一個禮拜，兒子來到屏東墾丁參加早已報名的「三項鐵人大賽」。

我們兩人一大早，一起到了著名的墾丁海邊，現場千百人參加；兒子勇敢的光著上身、跟大夥參賽者一起下水，在寒冷的海水中，戴著蛙鏡、不畏嗆水、辛苦地游完艱困的「一千五百公尺海泳」。

而後，又趕緊拚命地去腳踏車停放處，找到自己的腳踏車，在公路上，勇敢咬緊牙關、奮力向前、衝刺那遙遠的「四十公里」……

騎完四十公里，我看兒子已經體力耗盡，好像快要虛脫了；可是，他還是堅持，一定要繼續「跑步十公里」，完成自己訂下的目標與夢想。

真的，在墾丁的冬天，我難以想像——一個「不常練體力、愛念書、愛閱讀、愛做實驗的孩子」，竟然不願放棄，朝著自己的目標、計畫，咬緊牙關、堅定信念的跑步前進。

當我看到他，拚著命，慢慢地跑抵終點時，我站在終點線後，感動地張開雙臂歡迎他……而他，也幾乎筋疲力盡的，在跑抵終點時，癱軟、無力地，伸開伸手，和我緊緊地擁抱在一起……

終於、終於，兒子完成三項鐵人大賽。

目標完成了，可以慢慢回家了。可是，兒子說，不行，還不能回去，他要親自看到成績公布。

天哪，完成三項鐵人大賽，已經不可思議了，還要看成績喔？我想，應該是不會得名的啦。可是，兒子堅持——一定要知道最後的成績結果、名次。

就這樣，等了好一陣子後，大會公布每一項成績；兒子在最後，聽到司儀報出青少年組的成績——他竟然在最後，聽到他的名字！

天哪，他居然獲得「三項鐵人大賽、青少年組、第五名。」

哇，兒子高興得大叫、大跳起來！

他，從台北來到墾丁，參加三項鐵人比賽；堅持不懈、體力耗盡，終於「美夢成真」，也開心如願的上台，接受頒獎……

放手讓孩子去飛　闖出自己的一片天

——玉山，他爬上去了。

——騎腳踏車環島，他做到了。

——三項鐵人大賽，他在墾丁完成了，而且，還獲得「青少年組第五名」。

而最重要的是——半年後，他在陽明大學腦神經研究所教授的大力推薦下，獲得了美國紐約州羅徹斯特大學「四年全額獎學金」。

四年後，他在紐約州羅徹斯特大學畢業。

他告訴我說，他拿的畢業證書，是獲得——「二個主修、四個副修」的學位。也因此，澳洲墨爾本大學也提供全額獎學金，讓他在風景優美、氣候怡人的「墨爾本大學校園」，直接攻讀生物醫學工程、腦神經科學的博士學位。

其實，我不是學教育的，也沒有特別的去教養孩子，只是——**「培養孩子喜歡閱讀的興趣與環境」、「多陪伴孩子爬山、旅行」、也「多尊重孩子的選擇」，讓他朝著自己的夢想，展翅飛翔……**

作者兒子（左一）於美國紐約州羅徹斯特大學畢業，並取得「二個主修、四個副修」的學位。

靜靜守望孩子的成長

孩子逐漸長大，猶如雛鳥羽翼漸豐。當孩子離家在外闖蕩時，雖然父母難以放下牽掛，但仍會看著孩子一次一次出發……抵達……再出發……也靜靜守望孩子每一次的成長。

前陣子晚上，是兒子要搭機回澳洲墨爾本大學的日子。女兒說，她若到機場幫哥哥送行，心裡會難過，所以，我就跟內人、小貴賓狗一起，開車送兒子到桃園機場。

其實，桃園機場有直飛班機到墨爾本，但票價大概三萬多；兒子一向非常節省，他選擇廉價航空，先飛新加坡，半夜二點多在新加坡機場過夜，待五、六小時，再轉飛墨爾本；這樣，單程票價只有一萬多元。

兒子在美國紐約州念羅徹斯特大學，畢業時，成績不錯，也獲得「二個主修、四個副修」的畢業證書。

我曾問他：「哇，你修這麼多學分啊？」

他說：「對啊，我拿全額獎學金，在美國念書不用花錢，所以，能念，就盡量念啊！」

畢業後，他申請澳洲墨爾本大學，教授說，他可以直接念「生物醫學工程博士班」；而且還提供他「全額獎學金」，學雜費全免，吃、住也全額提供。

後來，教授又讓兒子「帶大學生的實驗室課程」，一週五小時左右；這麼一來，兒子又有額外的外快收入了。

到桃園機場出發前，內人對兒子說，她那邊有一些澳幣，問兒子要不要一起帶去？……兒子說，不用了，他不太喜歡帶太多錢在身上；反正他到澳洲墨爾本，生活、念書、做研究實驗，一切都不用自己花錢、都夠用。

其實，兒子出發前幾天，他有「要我幫他剪頭髮」。

兒子從小到大，都是我幫他剪頭髮，他幾乎沒有到外面剪頭髮。他到美國、澳洲念書，也都是自己剪頭髮。可是，這次電動理髮刀放在墨爾本、沒帶回來，我只好用剪刀、打薄刀，小心翼翼的幫他剪頭髮。

剪髮前，兒子特別交待我，「剪平頭」就好，這樣，他方便洗頭、不用花時間整理頭髮。

剪完後，我問他：「這樣可以嗎？」

兒子說：「很好啊，很好！」

兒子從來不在意他的髮型好不好看？他在意的是，他頭髮裡面的「腦袋」——是否學習到新的東西？是否有學習到「新的創意、新的點子、新的知識？」

兒子本來考上「台大資工系」，但他休學了。他到陽明大學腦神經研究所，當教授的助理半年，後來，獲得教授大力推薦，才獲得美國紐約州羅徹斯特大學的全額獎學金。

在休學的後半年，兒子也曾經一個人背起行囊，到澳洲各城市「打工旅行」……

他在餐廳洗碗，洗到雙手起泡、脫皮。

他到草莓園採草莓，採到腰酸背痛。

但，這是他的選擇。當其他同學都已經在念大學，但他一個人卻在澳洲辛苦打工、學英語、賺錢、學習獨立生活……

如今，他在美國念完大學、回到台灣，再到澳洲墨爾本，可以說是「舊地重遊」；而他能到墨爾本大學直攻博士班，也省去二年念碩士的時間，讓他很開心。

在到墨爾本大學念書前，兒子也曾挑選十件我質料不錯的襯衫，請人幫忙修改、穿起來比較合身；也修改了三件西裝、二件西裝褲，也挑選了五條領帶、一雙不錯的皮鞋，隨行李一起裝箱托運，帶到澳洲。

兒子的想法是——**「可以省，就盡量省；可以不花錢，就盡量不花錢。」**

他懂得節儉、不亂花錢，找到自己的興趣與目標，飛往自己的天空，就讓人欣喜若狂、開心、安慰了。

兒子出發的前一天，全家四人一起在外面餐廳吃飯。

女兒說，全家四人再在一起吃飯的機會，短期之內，可能不太容易；因為，今年夏天，她已經申請到美國紐約大學（NYU）等的入學許可，女兒也會到美國念碩士。南半球、北半球的放假日期不同，兩人要一起回到台北、全家一起吃飯的機會，可能就比較少了。

孩子都長大了，也都逐漸找到自己的興趣、方向，獨自往外飛翔了。

兒子辦好登機證，送他到查驗證件的入口。

兒子跟我和內人，分別擁抱後，就背起沉重的大背包，漸漸離去。

就這樣，兒子背起沉著的大背包——手上拿著證件，跟我和內人揮手、道別，也獨自走向「出境」的通道、灑脫的走向他的世界。

兒子回澳洲繼續學業，作者為兒子送行，也守望孩子的成長。

這次他放暑假，十一月下旬，從澳洲回來，曾獨自先到「印度」一遊。

回到台北一個月餘之間，也曾和好朋友，一起到「北越下龍灣」等地自助旅行……

年輕，就是本錢。

年輕，就是豪氣干雲、志在四方、翱翔天際……

看著兒子走入「出境大廳」，而後，他就消失在眼前。

多年來，他就是這樣——

出境……入境……再出境。

出發……抵達……再出發。

如今，他已經平安抵達墨爾本大學、他的住所。期盼他未來的日子，平安、快樂、健康，也盡快再回到台北家裏，全家人歡喜相聚！

國家圖書館出版品預行編目(CIP)資料

愛的教養，讓孩子更傑出：用愛細心灌溉，培養孩子面對未來的關鍵能力／ 戴晨志作 . -- 初版 . -- 臺中市：晨星出版有限公司，2023.05

面；　公分 . --（勁草叢書；543）

ISBN 978-626-320-420-1（平裝）

1.CST：親職教育　2.CST：子女教育

528.2　　112003197

歡迎掃描 QR CODE
填線上回函！

勁草叢書 543

愛的教養，讓孩子更傑出

用愛細心灌溉，培養孩子面對未來的關鍵能力

作者	戴 晨 志
編輯	陳 詠 俞
校對	戴 晨 志 、 陳 詠 俞
內頁設計	張 蘊 方
封面設計	水 青 子
創辦人	陳 銘 民
發行所	晨星出版有限公司 407 台中市西屯區工業 30 路 1 號 1 樓 TEL：04-23595820　FAX：04-23550581 E-mail：service-taipei@morningstar.com.tw https://star.morningstar.com.tw 行政院新聞局局版台業字第 2500 號
法律顧問	陳思成律師
初版	西元 2023 年 05 月 01 日（初版 1 刷）
讀者服務專線	TEL：02-23672044 ／ 04-23595819#212
讀者傳真專線	FAX：02-23635741 ／ 04-23595493
讀者專用信箱	service@morningstar.com.tw
網路書店	https://www.morningstar.com.tw
郵政劃撥	15060393（知己圖書股分有限公司）
印刷	上好印刷股分有限公司

定價 350 元

ISBN 978-626-320-420-1

Published by Morning Star Publishing Co., Ltd.

Printed in Taiwan